어떻게 소통하며 사회의 동의를 얻을 것인가

보이지 않는 힘,
퍼블릭어페어즈

어떻게 소통하며 사회의 동의를 얻을 것인가

보이지 않는 힘,
퍼블릭 어페어즈

2015년 5월 11일 초판 1쇄 발행
2022년 3월 25일 초판 4쇄 발행

지 은 이 │ 조승민
펴 낸 곳 │ 삼성글로벌리서치
펴 낸 이 │ 차문중
출판등록 │ 제1991-000067호
등록일자 │ 1991년 10월 12일
주   소 │ 서울특별시 서초구 서초대로74길 4(서초동) 삼성생명서초타워 30층
전   화 │ 02-3780-8153(기획), 02-3780-8084(마케팅)
팩   스 │ 02-3780-8152
이 메 일 │ sgrbook@samsung.com

ⓒ 조승민 2015
ISBN │ 978-89-7633-466-4 04320
       978-89-7633-211-0 (세트)

어떻게 소통하며 사회의 동의를 얻을 것인가

SERI
연구에세이

112

보이지 않는 힘,
퍼블릭 어페어즈

| 조승민 지음 |

삼성글로벌리서치

퍼블릭 어페어즈_{public affairs}란 '기업과 단체가 자신들의 활동에 영향을 미치는 법안과 정책이 최대한 우호적으로 결정되고 집행되도록 하기 위해 펼치는 활동'을 의미한다. 과거에는 정부기관이나 국회를 대상으로 한 '로비'가 중심이었으나, 이제는 이미지·이슈 광고 같은 홍보 활동과 사회적 기여 등을 포함하는 종합적인 활동으로 그 범위가 확대되었다. 지금 이 시대에 기업이 원하는 바를 얻기 위해서는 '사회적 인정'이 필요하기 때문이다.

사실 퍼블릭 어페어즈는 우리에게 그리 익숙한 개념이 아니다. 미국과 유럽을 중심으로 발전해온 데다 아직 학문적으로 독립된 체계를 가졌다고 보기 어렵고 우리나라에서는 많이 알려지지 않은 분야이기 때문이다.

미국과 유럽에서는 퍼블릭 어페어즈가 경영 활동에 있어 선택 사항이 아닌 필수 항목으로 변해왔다. 현대 기업 세계에서 퍼블릭 어페어즈의 조언 없는 경영 활동은 눈감고 비행하는 것과 같고, 금융이나 법률적 고려 없이 의사결정을 하는 것과 같다고 묘사될 정도이다. 가령, 어떤 입법이나 정책 결정이 특정 기업에 불리한 내용을 담고 있다고 가정하자.

이 경우 기업은 좀더 자사에 우호적인 방향을 관철시키기 위해 의견을 전달하고 설득하는 등의 노력을 한다. 반대 입장의 기업도 마찬가지다. 시장에서 경쟁하듯이 정치의 장場에서도 경쟁하는 것이다. 좋은 제품과 서비스를 제공하는 것만큼이나, 법안이나 정책이 기업의 경쟁력에 미치는 영향이 크기 때문이다. 이러한 시장 밖 경쟁에서 성공했을 경우 기업에 돌아오는 성과는 시장에서 승리했을 경우와 크게 다르지 않다. 시장에서 성공하면 수익 증가와 주가 상승이라는 과실을 따게 되듯 시장 밖에서의 승리도 우호적 환경을 제공받음으로써 과정은 다르지만 같은 결과를 얻을 수 있다.

그러나 이러한 중요성에도 불구하고, 우리 기업과 단체들이 이 활동을 체계적이고 종합적으로 수행하고 있는지는 의문이다. 우리 기업들이 해외 시장에 진출하면서 비즈니스의 외부 환경도 세계화되고 있다. 이에 따라 기업들은 더욱 다양한 집단과 이해관계 면에서 충돌하게 되었다. 국내적으로 보면, 기업에 대한 국민의 불신은 줄어드는 조짐이 보이지 않고, 사회는 갈수록 정치화되는 경향이 있다. 이는 기업과 관련된 입법과 정책 방향에 부정적으로 작용한다. 또한 아무리 규제 완화가 추진된다 해도 규제자로서의 역할을 할 수밖에 없는 정부와의 관계에서도 최선의 결과를 얻기 위해 노력해야 한다.

이렇듯 기업의 외부 비시장 환경과 기업 간의 공유 영역에서 이루어지며 기업 성과와 직결되는 활동이 퍼블릭 어페어즈임을 감안할 때 우리 기업들도 이제 전체적인 경영 전략 차원에서 퍼블릭 어페어즈를 인식하고 실행할 때가 되었다.

사실 퍼블릭 어페어즈와 관련된 환경은 나라마다 차이가 있다. 가령, 미국에서는 허용되지만 우리나라에서는 허용되지 않는 활동이 있고, 제도가 뒷받침되지 않는 부분도 있다. 따라서 우리 실정에 맞는 제도 확립이 필요하다. 투명하지 않은 활동을 가능하게 하거나, 금품 수수처럼 부적절한 행위가 법망을 빠져나갈 수 있는 제도적 환경은 개선되어야 한다. '관피아'로 상징되는 문제 해결을 위해 '충원充員 구조의 다양화'라는 대안을 실행하려는 노력도 필요하다. 사회적 인정을 받기 위한 퍼블릭 어페어즈가 사회 갈등의 원인이 되어서는 안 되기 때문이다.

우리 기업들이 세계적 기업으로 성장하면서 퍼블릭 어페어즈 분야에서도 세계 유수의 다국적기업들과 경쟁하기에 이르렀다. 하지만 국내로 눈을 돌려보면, 관련 제도와 사회적 분위기, 기업의 활동 등 여러 면에서 변화와 개선의 여지가 많은 것이 현실이다. 마지못해 쓰는 비용이라는 인식도 여전히 남아 있고, 기업의 부정적 행태를 상쇄하기 위한 수단처럼 비치는 경우도 적지 않다.

이 책은 퍼블릭 어페어즈의 개념과 변화 과정, 활동 양상 등 전반을 정리해보려는 의도로 시작했다. 관련 내용이 1장과 2장에 담겨 있으며, 2장에서는 다양한 사례도 다루었다. 그러나 정리를 하면서 그간 퍼블릭 어페어즈의 의미와 필요성이 확대되어왔음에도 우리는 그것을 제대로 인식하지 못하고 있음을 새삼 느낄 수 있었다. 인식이 부족하니 제도화 진행이 더디고 체계적인 전략도 미흡한 것은 당연한 결과라 하겠다. 이러한 문제의식과 그 대안을 '한국 퍼블릭 어페어즈의 과제'로 정리하여 3장에 담았다. 이러한 작업이 한국적 퍼블릭 어페어즈가 지향해야 할 모습에 작은 단초端初라도 제공하기를 희망한다.

무엇보다 이 책을 통해 퍼블릭 어페어즈에 대한 국민의 이해가 높아지기를 바란다. 기업은 사회적 인정을 받기 위해 퍼블릭 어페어즈 활동을 하고, 이를 평가하는 것은 바로 국민이기 때문이다. 국민은 퍼블릭 어페어즈의 주체가 되기도 하고, 대상이 되기도 한다. 또 활동 결과에 따라 형성된 질서나 상황에 의해 이익을 누릴 수도, 불이익을 당할 수도 있다. 따라서 퍼블릭 어페어즈 활동을 정확히 이해하고 판단할 수 있어야 한다.

이 책의 발간이 퍼블릭 어페어즈에 대한 체계적인 인식과 활동에 조금이라도 기여하기를 소망하면서, 도와주신 모든 분들께 감사드린다.

2015년 4월

조승민

차례

| 제3장 |
한국의 퍼블릭 어페어즈

제1장

•

퍼블릭 어페어즈란
무엇인가?

퍼블릭 어페어즈의 개념과 발전 과정

개념

"퍼블릭 어페어즈public affairs가 무엇인가?"라는 질문에 대해서는 "조직에 유리한 공공 정책 환경을 조성하기 위한 활동"이라는 설명이 가장 간단하면서도 무난한 대답이 될 것 같다. 그런데 "구체적으로 어떤 활동을 하는가?", "활동 대상은 누구인가?"라는 질문을 받으면 한마디로 답하기가 쉽지 않다. 그 이유는 사회가 변화하고 발전함에 따라, 또 기업 간의 경쟁이 격화됨에 따라, 퍼블릭 어페어즈의 내용과 대상도 변화와 발전을 거듭해왔기 때문이다. 때로는 PRpublic relations과 비슷한 개념으로 보이고, 누군가는 정부 관계government relations 또는 로비lobby 같은 것이라고 여기지만, 일각에서는 기업의 사회적 책임 활동을 포함하는 개념으로 이해하기도 한다. 이렇듯 다양한 이해에도 불구하고, 그 개념은 크게 두 가지로 구분된다.

첫째는 정부 관계라는 개념이다. 로비와 같은 개념으로 보는 견해가 이 범주에 속한다. 즉, 퍼블릭 어페어즈는 공공 정책에 영향을 끼치는 활동이므로 정부와의 관계가 핵심이며, 따라서 정부를 대상으로 한 직접적인 활동이 중심이라는 개념이다.[1] 따라서 정부로부터 원하는 결과를 얻기 위해 기업과 단체가 펼치는 로비와 같은 개념으로 보는 것도 어쩌면 당연한 귀결이라 하겠다.

둘째는 정부 관계 이상으로 범위를 확대한 개념이다. 가령, 기업 활동 중에서 마케팅 외의 활동 전반을 지칭하는 경우가 그렇다. 이 경우, 정부뿐만 아니라 지역사회와의 관계, 기업과 직원들의 자선 활동이나 봉사 활동, 기업의 사회적 책임CSR, Corporate Social Responsibility까지 포함된다. 퍼블릭 어페어즈를 PR과 유사하게 보는 견해도 이 범주에 속한다. 이 때문에 '공공 PR'이라 부르기도 한다.[2]

대체적으로 볼 때, 퍼블릭 어페어즈는 정부 관계를 중심으

---

1 여기서 정부는 입법, 행정, 사법부를 모두 포함하는 광의의 정부를 의미한다. 3부 중 어디에 중점을 두느냐는 각 나라의 정치 환경이나 상황 등에 따라 다르다. 미국의 경우 의회를 중심으로 이루어지지만, 우리나라에서는 국회보다 행정부에 중점을 둔다고 볼 수 있다.

2 "규제가 발목 잡는다?… 똑똑한 룰 만들기!" (2011. 9. 30). 《매일경제신문》.

로 보는 첫 번째 개념에서, 보다 확장된 두 번째 개념으로 변화·발전해왔다. 이는 조직에 유리한 공공 정책 환경을 조성하기 위한 활동이 다양해지면서 대상도 확대된 상황을 반영한다. 과거처럼 정책 결정 권한을 가진 권력 엘리트를 대상으로 한 활동뿐만 아니라, 여론을 대상으로 한 활동도 중요한 시대가 됐기 때문이다. 이에 따라 여론을 우호적으로 만들기 위한 다양한 활동이 추가되면서 퍼블릭 어페어즈의 개념이 확장된 것이다.[3]

그렇다고 PR과 유사하거나 대등한 범위로까지 확장됐다고 보기는 어렵다. 따라서 정부 관계를 넘어서는 개념이지만, PR의 개념으로까지는 확장되지 않았다고 보는 것이 무

---

[3] 가령, 라젠드라 시소디어 등은 《위대한 기업을 넘어 사랑받는 기업으로》 (2009, p.50)에서 현대 기업과 관련이 있는 주요 이해 당사자를 다음 다섯 가지로 분류했다.

이해 당사자	정 의
사회(society)	정부와 사회단체뿐 아니라 지역이나 그보다 넓은 의미의 지역사회, 특히 비정부기구
파트너(partner)	공급업체 등 상위의 파트너, 수평적 파트너, 소매업체 등 하위 파트너
투자자(investor)	개인이나 기관 투자자, 대출기관
고객(customer)	개인 고객, 기업 고객, 현재·미래·과거의 고객
직원(employee)	현재·미래·과거의 직원과 그 가족

이 같은 기준으로 본다면, 첫 번째 개념을 기준으로 한 퍼블릭 어페어즈의 대상은 사회 중에서도 정부에 국한될 것이다. 하지만 확장된 개념으로 보면, 그 대상은 엄청나게 광범위할 수 있다.

난할 것 같다. 조사에 따르면, 현장에서 활동하는 우리 기업 PR 실무자들의 인식도 이와 같은 것으로 나타났는데, 이는 퍼블릭 어페어즈 선진국인 미국 및 유럽의 인식과도 거의 일치한다.[4]

이 같은 개념 확장은 민주화의 진전과 정보 공개의 일반화 등 다양한 시대적 변화와 발전을 반영하기도 한다. 과학기술의 발달도 개념 확장에 영향을 미친 요소인데, 인터넷의 발달이 대표적이다. 가령, 웹 활동은 그 자체로도 퍼블릭 어페어즈의 주요 활동이 되었지만, 과거에 비해 훨씬 적은 비용으로 보다 쉽고 효과적인 활동을 가능하게 해주었다. 결국 퍼블릭 어페어즈의 활동 주체와 대상은 물론, 활동 내용의 확장에도 크게 기여했다고 할 수 있다. 규모가 작고 재정적으로 열악한 조직들도 새로운 정보기술로 인해 활동 영역과 수단을 다양화함으로써 초기 진입장벽과 문턱을 낮출 수 있게 된 것이다. 정보통신 기술의 눈부신 발달로 인한 이 같은 현상은 앞으로도 지속될 전망이다. 그리고 이 현상에 따라 퍼블릭 어페어즈의 개념은 계속해서 변화·발전할 것이다.

---

4 한국 기업의 PR 실무자 40명을 대상으로 한 조사에 따르면, 퍼블릭 어페어즈와 가장 유사하다고 생각하는 용어로 중복 체크한 개념 중 3분의 2 이상이 정부 관계, 공공 문제 관리 PR, 로비 활동, 공공 정책, 정부 규제 업무 등으로 나타났다. 이는 퍼블릭 어페어즈가 사적 영역이 아닌 공적 영역의 활동이라는 인식의 합의가 형성된 것으로 볼 수 있다. 김찬석 (2012). "퍼블릭 어페어즈에 대한 PR 실무자의 인식." 《한국광고홍보학보》. 2012년 여름 제14권 2호, pp.15~16, p.26.

이런 상황을 반영하듯 아직은 퍼블릭 어페어즈와 관련된 단일 학문이나 전문 직업이 있다거나, 통합적이고 뼈대가 되는 이론이 정립되어 있다고 보기는 어렵다. 실제로 퍼블릭 어페어즈와 관련된 내용들은 다양한 학문 영역에 분산되어 있다. 비즈니스, 커뮤니케이션과 PR, 경제학, 조직 사회학, 정치학, 전략적 경영학 등이 그것이다.

발전 과정

퍼블릭 어페어즈의 역사를 로비의 역사로부터 본다면, 1215년 영국의 대헌장Magna Charta the Great Charter에서 인정한 청원권을 그 시초로 볼 수 있다. 청원권은 18세기 후반 영국에서뿐 아니라, 당시 영국의 식민지였던 미국 거주자들에 의해서도 많이 이용되었다. 이들은 청원권을 근거로, 본국인 영국 정부에 차별적 관세 철폐를 요구하는 청원을 여러 차례 제기했다. 뿐만 아니라 미국 뉴저지의 식민지 의회에서도 오늘날의 로비에 필적할 만한 활동들이 전개되었다.[5] 하지만 미국에서도 1890년대 이후에야 로비가 공식적인 전문 활동으로 용인되면서 풀뿌리 로비grassroots lobbying 활동이 크게 증가했는데, 이 시점을 퍼블릭 어페어즈의 태동기라 할 수 있다.

이후의 발전 과정은, 19세기 말 이후부터 20세기 중반까지

---

5 정재영 (1987). 《로비경제학》. 매일경제신문사, pp.12~13.

의 초창기와 20세기 후반 이후의 발전기로 크게 구분된다.[6] 20세기 중반을 전후해서는 퍼블릭 어페어즈에 참여하는 주체가 증가하고 활동 범위와 대상이 확대된 것이 특징이다.

초창기(19세기 말~20세기 중반)에는 소수에 의한 교환, 거래 등이 활동의 중심을 이루었다. 따라서 이 시기에는 경제적 자원이나 정치권력 등 특별한 자원을 보유한 소수의 이해관계자나 전문가들이 서로의 필요에 따라 공공 정책 환경을 조성함으로써 이해관계를 조정하고 보장받는 데 주력했다.

하지만 20세기 후반에 이르자 퍼블릭 어페어즈는 소수의 이해관계자나 전문가 중심에서 벗어나 사회 전체 구성원이 참여하는 활동으로 변화했다. 민주주의가 발달하여 시민들이 확대된 자신의 권리와 역할을 자각하면서, 이해관계와 관련된 일에 적극적으로 참여하기 시작했기 때문이다. 또 과거에는 소수에 의해 밀실에서 이루어지던 이해관계 조정이나 정책 결정이 정부, 의회와 같은 공공 기관에 의해 공개적으로 이루어졌다. 정보통신 기술의 발달에 따라 정보 유통이 빨라지고, 상호 작용이 강화되면서 이 같은 경향은 갈수록 심화되었다. 이에 따라 활동이 다양해지고 대상은 확대되었으며 참여 주체도 늘어났다. 또 지역적인 범위가 확장되면서

---

6 김찬석 (2008). "퍼블릭 어페어즈(Public Affairs)의 발전 과정 비교: 미국과 유럽."《한국사회과학연구》. 제30집 1호(2008년 여름). p.2.

국경을 넘어 국제적으로 영향을 주고받는 상황이 되었다.

지역적으로는 미국과 유럽이 발전의 중심지였다. 그러나 조직에 유리한 공공 정책 환경을 조성하기 위한 활동이라는 공통점에도 불구하고, 정치적 환경이나 사회문화적 배경, 경제 운영 방식 등에 따라 그 발전 과정에서는 각국이 차이를 보였다.

| 미국 |

미국의 퍼블릭 어페어즈는 영국 식민지 시대에서 그 근원을 찾을 수 있다. 본국인 영국 정부에 대한 청원, 뉴저지 식민지 의회에 존재했던 로비 행위 등이 이를 보여주는 사례다. 1776년 독립 후에도 이 같은 활동은 계속됐다. 1787년 헌법이 완성된 후 1791년 수정헌법 10개 조가 확정됐는데, 수정헌법 제1조에 규정된 청원권the right to petition이 로비를 헌법이 규정한 시민의 권리로 정립하는 근거가 됐다. 그럼에도 불구하고 로비가 공식적으로 용인된 전문 활동으로서 법원의 방해를 받지 않게 된 시기는 1890년대에서 1900년대 사이이다. 뿐만 아니라 나중에 풀뿌리 로비라고 불리는 활동이 크게 증가한 것 역시 이 시기였는데, 퍼블릭 어페어즈의 태동 시점으로 보기도 한다.[7]

미국의 퍼블릭 어페어즈는 1960년대 말 이전과 이후로 구분된다. 가장 큰 차이는 바로 퍼블릭 어페어즈의 관심 대상과 범위의 확대라 할 수 있다. 1960년대 후반 이전까지는 정치 관계와 정부 관계가 주요 관심사였다면, 1960년대 후반부터는 사회적 관계로 관심의 대상이 확장된 것이다. 이 시점은 '기업의 사회적 책임CSR'이라는 개념이 비즈니스에 수용되기 시작한 시기이기도 하다.[8] 이 같은 변화를 불러온 것은 1960년대 후반 전개된 인종차별에 대한 흑인 저항운동이었다.

1960년대 말 이전의 주요 관심사가 정치 관계와 정부 관계였다는 것은 이 시기의 퍼블릭 어페어즈가 연방 의회나 주 의회 또는 정부에 초점을 맞춰 진행되었음을 의미한다. 1954년에 리처드 암스트롱Richard Amstrong이 창립한 퍼블릭 어페어즈 협의회Public Affairs Council의 최대 관심사 역시 정부 관계 또는 정치 관계였다. 정부 관계나 의회 관계를 신장시키는 것이 핵심 목표였고, 이를 위해 기업 경영진에게 정치 교육을 시키고 정치 참여를 도모하는 등의 활동을 전개했다. 그 결과가

---

7 수정헌법 제1조에도 불구하고, 1874년 미국 대법원은 트리스트 대 차일드(Trist v. Child) 사건에서, 변호사나 대리인이 고객을 대신해서 의회를 상대하겠다고 맺은 계약은 법적 효력이 없다고 판결했다. 이 같은 결정은 시민과 정부 사이를 간섭하는 전문적인 관여에 대한 반감이 오랫동안 존재했다는 사실을 반영한다. 하지만 이러한 관점은 급격히 변화했다. 기업들은 로비스트가 정당들이 할 수 없는 것, 즉 의회의 구성원들이 할 수 없는 것을 대신해주기를 원했다. 트리스트 사건 직후 의회 구성원들은 로비스트를 인정하는 법안을 상정했고 2년 후인 1876년에 하원을 통과했다. 브루스 빔버 (2007), 《인터넷 시대 정치권력의 변동》, 삼인, pp.116~117.

8 '기업의 사회적 책임' 개념은 1930년대에 기원을 두고 있는데 실제로는 1960~1970년 대에 중요시되었다. 로진 부크홀츠 (2011), 《자본주의를 다시 생각한다》, 21세기북스, p.32.

의회 지도자나 정부 관료에 대한 로비로 나타났고, 이것이 기업의 퍼블릭 어페어즈를 로비나 정부 관계로 인식하게 만든 배경이다. 물론 1950년대와 그 이전에도 지역사회 및 사회적 문제와 관련한 퍼블릭 어페어즈가 없었던 것은 아니지만 흑인 저항운동과 사회적 격변이 일어나기 전까지는 그다지 중요성을 띠지 않았다.

1960년대 후반 이후 퍼블릭 어페어즈는 양적, 질적으로 확대되었는데, 그 변화의 계기는 바로 인종차별에 대한 흑인 저항운동이었다. 그 이전은 말할 것도 없거니와, 1964년 민권법Civil Rights Act, 1965년 투표권법Voting Rights Act이 성립[9]되어 유색인종에 대한 차별이 법적으로 금지되었음에도 흑인들에 대한 불평등과 부당한 대우는 계속되었다. 당연히 흑인들의 저항운동이 격화되었고, 이 같은 저항운동은 도시 빈곤, 고용 등의 경제적 문제로까지 이어졌다.[10] 이처럼 기존의 사회질서까지 흔들리는 혼란스런 상황에서 기업은 흑인 등 소수

---

9 인종차별 철폐를 위해 케네디 대통령이 추진했던 민권법은, '위대한 사회(Great Society)'를 기치로 내건 존슨 대통령에 의해 1964년 입법되었다. 이후 민권 운동의 초점은 투표권으로 옮겨 갔고, 투표권법이 1965년 의회에서 가결되었다. 앨런 브링클리 (2005).《있는 그대로의 미국사 3》. 휴머니스트, pp.358~363, pp.391~396.

10 1966년까지 흑인의 69퍼센트는 대도시 지역에 살고 있었다. 1960년대 중반 이후 인종 문제는 남부에서 전국으로 확산되었으며, 형식적이고 법적인 흑백 분리를 넘어 고용과 관련한 인종차별 금지 등 경제적 문제로 이동했다. 주요 도시의 흑인 거주 지역에서 폭동이 발생하면서 도시 빈곤 문제 또한 전국적으로 부각되었다. 앨런 브링클리 (2005). 앞의 책, pp.396~398.

세력을 고용하기 위한 방법을 적극적으로 채택함은 물론, 새로운 관점을 바탕으로 지역사회 – 주로 도시 지역 – 에 대해 관심을 갖지 않을 수 없었다.[11]

당연히, 기업이 직면한 첫 번째 과제는 흑인 저항운동과 맞물린 소수민족 문제였다. 이전에는 별로 중요한 사안으로 여겨지지 않던 문제가, 인종 문제를 계기로 퍼블릭 어페어즈의 주요 사안으로 부상한 것이다. 이에 퍼블릭 어페어즈협의회도 인종 문제에 뿌리를 둔 도시 폭동 문제 해결에 기여할 필요성을 인식했다. 협의회는 도시문제위원회Urban Affair Committee를 이사회에 설치하고, 도시 문제 담당 직원들을 고용하여 회원사에 서비스를 제공했다. 구체적으로는 '도시 문제'에 관한 세미나를 개최하고 《기업과 지역사회》라는 정기간행물을 발행했다. 여기에는 도시 문제 해결에 대한 기업의 혁신적 아이디어나 소수민족 보호를 위한 보조금 지원, 빈민 지역이나 인디언 거주 지역에 회사 시설물을 설치한 사례 등이 실

---

11 미국 기업 사회의 주요 부문들은 자유주의자들과 함께, 흑인 투표권의 확대를 지지하는 운동의 대열에 이미 동참하고 있었다. 상당수의 전국 단위 기업들은 민권 운동 시위와 보이콧의 혼란이 종식되길 원했고, 케네디 행정부가 흑인 저항 세력들에게, 시위가 아니라 목소리를 내는 방법으로 목적을 달성하도록 '체제 내 활동'을 장려하는 것에 만족했다. 세계 시장을 가진 영화 산업도, 남부 경찰들이 평화적 민권 운동가들을 가혹하게 진압하는 장면이 전 세계에 노출됨으로써 해외에서 난처한 상황에 처하는 것을 원치 않았다. 전국의 뉴스 매체도 흑인 투표권 운동을 지지하는 쪽에 이해관계를 가지고 있었다. 매튜 A. 크렌슨, 벤저민 긴스버그 (2013). 《다운사이징 데모크라시》. 후마니타스, pp.129~130.

렸다. 퍼블릭 어페어즈협의회가 처음 도시 문제 업무를 시작한 것은 1968년이었는데 점차 진화를 거듭하고 영역이 확장되면서, 1973년에는 이 업무를 '도시 문제 및 기업의 사회적 책임 기능'이라고 새롭게 부르게 된다. 1970년대에 들어서는 IBM, AT&T, 존슨앤드존슨, 뱅크오브아메리카 등 유수의 기업들이 도시 문제 담당 임원을 별도로 두고 활동하기에 이른다.[12]

1970년대에 들어서면서 미국 기업들은 또 다른 사회문제로 눈을 돌리게 되는데, 바로 여성의 권익 문제였다. 이 역시 도시 문제와 함께 퍼블릭 어페어즈협의회의 사회적 책임 기능의 주요 부분이 되었다. 이와 관련하여 협의회는 주로 남성을 대상으로 운영되던 자체 프로그램을 다양화했다. 가령, 조직 내에서 여성의 진출을 가로막는 유리 천장glass ceiling 문제를 해결할 수 있도록 돕는 프로그램을 제공했다. 또 회원사에 배포되는 정기간행물에 육아 부담을 덜어주는 탁아소 운영 프로그램을 소개하거나 가족과 어린이 프로그램과 관

---

12 퍼블릭 어페어즈가 선진국에서 본격적인 비즈니스 전략으로 등장한 것이 1960년대 중반 GM 자동차가 대량 결함 사태를 겪으면서부터라고 주장하는 견해도 있다. 당시 빈번하게 발생하던 GM 자동차의 사고에 대해 GM은 자체 결함이 아니라는 입장을 고수했다. 젊은 변호사였던 랄프 네이더(Ralph Nader)가 자료를 모아 소송을 제기하여 공룡 GM을 꺾었고 이후 미국의 대기업들은 정부와 의회, 국민들에 대한 이미지 제고 전략과 대응 전략을 짜냈다. "규제가 발목 잡는다?… 똑똑한 룰 만들기!" (2011. 9. 30). 《매일경제신문》.

련된 내용들을 게재하여 '일과 가정의 양립work life balance'을 위한 노력에도 일조했다. 협의회는 이와 함께 기업의 사회적 책임의 주요 활동 중 하나로 자선 활동에도 초점을 맞추었다.

이 같은 발전 과정에서 쟁점 관리issue management에 대한 논의가 등장했다. 퍼블릭 어페어즈에서 쟁점 분석, 예측 및 관리의 중요성이 부각되기 시작한 것이다. 1970년대 중반, 퍼블릭 어페어즈협의회는 쟁점 관리 방법에 따라 자체 프로그램 개발 대상과 연구의 초점을 변화시켰다. 정부 관계를 발전시키는 전통적인 활동 외에도 쟁점 분석, 예측 및 관리의 중요성을 점차 많은 사람들이 인지한 결과였다. 이렇게 보면, 오늘날 기업뿐만 아니라 정부, 시민단체 등 다양한 단체에서 운영의 핵심 기능으로 받아들이고 있는 쟁점 관리 개념도 퍼블릭 어페어즈에 뿌리를 둔다고 하겠다.

이처럼 퍼블릭 어페어즈의 활동 영역과 방법이 다양화되었음에도 여전히 연방 의회와 정부 대상 활동은 중요했을 뿐 아니라 그 필요성도 나날이 커졌다. 이에 따라 워싱턴에서 기업과 단체의 활동이 급속히 증가했다. 1950년만 해도 워싱턴에 사무소를 둔 기업은 100개 미만이었으나 1970년대 중반 이후 기업의 로비와 그에 따른 로비 산업이 폭발적으로 팽창했다. 전국제조업체협회가 1973년 워싱턴으로 본부를 옮겼고, 거의 같은 시기에 비즈니스 원탁회의(개인적인 로비를 위해 워싱턴을 오가곤 하던 경영자들의 모임)가 아예 워싱턴에 사무실을 정했다. 1990년대에 이르러서는 500개 이상의 미국 기업들이 워싱턴에 상설 사무실을 두고 변호사들을 포함하여 6만 1,000명가량의 로비스트를 고용했다. 이 밖에도 기업이 후원하는 재단, 센터, 연구소 등에서 자체적인 정책 전문가와 마케팅 요원들이 일했다. 여기에 기업들이 선호하는 공공 정책을 전문적으로 알리는 회사들까지 가세했다. 워싱턴에 등록된 로비스트의 수는 1981년 5,500명에서 2005년 3만 2,890명으로, 변호사 수는 1972년의 1만 6,000명에서 2004년에 7만 7,000명으로 증가했다.[13]

기업의 워싱턴 진출이 늘고, 로비스트와 변호사의 수가 증가한 이유는 무엇일까? 이에 대해서는 다양한 대답과 분석이 가능하겠지만, 기업 간의 경쟁이 한층 치열해진 것도 주요 원인 중 하나다. 경쟁력은 기업의 생존에 있어 필수 요소다. 따라서 기업은 경쟁력을 높이기 위해서라면 무엇이든 할 준비가 되어 있었는데 워싱턴에서 결정되는 정책에 의해 특정 기업의 경쟁력이 강화될 수도 있고 약화될 수도 있었던 것이다. 유수의 기업들이 매년 워싱턴에 엄청난 자금을 쏟아붓는 이유가 바로 이 때문이다.

미국 워싱턴 D. C.를 둘러싼 495번 고속도로인 벨트웨이 Beltway[14] 안의 동향에 무심하던 마이크로소프트나 구글, 페이

---

13 로버트 라이시 (2008). 《슈퍼자본주의》. 김영사. pp. 194~196.

스북 등의 기업이 이제는 가장 많은 자금을 쏟아 붓는 것은 이 같은 현실을 상징적으로 반영한다. 가령, 마이크로소프트는 창업자인 빌 게이츠의 정치적 무관심 때문에 워싱턴은 물론 브뤼셀에도 진출하지 않았다. 하지만 1996년 미국 법무부가 이 회사에 반독점 소송을 제기하자 워싱턴에서 활동을 시작했다. 구글 역시 2004년 8월 기업공개 이전까지는 인터넷 세상의 독립적 신흥 기업임을 자랑스럽게 여기며 정치에 관심을 보이지 않았다. 그러나 일단 공개 기업이 되자 워싱턴의 일부가 되지 않을 수 없었다.[15]

기업이 모이면 돈도 따라 들어온다. 그것은 정치자금일 수도 있고, 기업의 활동자금일 수도 있다. 또 돈이 있는 곳에 사람들이 모이기 마련이다. 워싱턴으로 몰려드는 로비스트

---

14 캐피털 벨트웨이(Capital Beltway)라고도 불리는데, 워싱턴 D. C.를 띠처럼 둘러싼 공간적 구획이라는 의미와, 워싱턴 D. C. 안에 몰려 있는 연방 정부 관료, 로비스트, 정치 컨설팅 전문가, 미디어 논평가들을 포함한 기득 정치 집단 안팎의 구획이라는 이중적 의미로 쓰인다. 매튜 A. 크렌슨, 벤저민 긴스버그 (2013), 《다운사이징 데모크라시》, 후마니타스, p.18.

15 구글은 2014년 상반기에만 931만 달러(94억 2,000만 원)의 로비자금을 지출했다. 그런데 2004년 기업공개(IPO)를 했을 때 구글이 로비자금으로 지출한 비용은 연간 18만 달러였다. "구글, 상반기 로비 자금 94억원 지출" (2014. 9. 2), 〈ZDNet Korea〉.
한편, 2014년 구글의 정치행동위원회(PAC, Political Action Committee)인 넷팩이 연방 상·하원 선거 후보에게 헌금한 금액은 총 143만 달러(약 15억 원)에 이른다. 하지만 이 금액은 마이크로소프트의 178만 달러에 비하면 적은 수준이다. 구글의 정치 헌금 규모는 4년 전인 2010년에는 골드만삭스의 3분의 1에 불과했으나, 2014년에는 골드만삭스의 140만 달러를 넘어서는 규모로 늘어났다. "미 정치헌금 순위 역전… 구글〉골드만삭스" (2014. 10. 17), 《문화일보》.

와 변호사들도 그런 사람들의 일부인 셈이다. 이들은 워싱턴에서 자신들이 바라는 결과를 얻기 위해서, 입법자들을 향한 로비뿐만 아니라, 더욱 다양한 퍼블릭 어페어즈 활동을 전개한다.

| 유럽 |

연방 국가인 미국과 달리, 수많은 독립 국가들로 구성된 유럽은 그동안 꾸준히 연합을 추구해왔다. 따라서 유럽 퍼블릭 어페어즈의 변화와 발전은 유럽의 통합 과정, 즉 유럽연합EU, European Union의 발전이라는 공통성과 아울러 각국이 가지는 특수성의 상호 작용 속에서 살펴볼 필요가 있다.

유럽연합은 1993년 11월 1일에 발효된 마스트리히트조약Maastricht Treaty에서 시작됐지만, 그 뿌리는 1952년 발족한 유럽석탄철강공동체ECSC, European Coal and Steel Community이다. 이 같은 기구의 등장과 발전에 따라 수많은 이해관계자들의 협력과 경쟁이 생겨났고, 관련 공동체의 결정에 대한 다양한 영향력 행사가 시도되었다. 결국 유럽의 퍼블릭 어페어즈는 1950년대 초, 유럽의 기구들이 발족하는 시점을 계기로 시작되었다고 볼 수 있다.

유럽에서 퍼블릭 어페어즈가 확대되고 본격화된 것은 유럽 단일 시장에 대한 대응과 유럽의회에 직접선거 방식이 도입된 것이 그 계기였으며, 시기적으로는 1980년대부터라고 하겠다. 특히 1979년 유럽의회가 처음으로 직접선거 방식을 채택한 이후 퍼블릭 어페어즈 수요가 증가했다. 시작은 정보의 필요성 때문이었다. 정보를 얻고자 하는 욕구에서 시작하여 정보 제공 과정에 효율적으로 영향을 미칠 필요성이 커진 것이다. 그때부터 유럽의 퍼블릭 어페어즈도 소수의 이해관계자, 전문가 중심의 초기 활동에서 다수가 참여하는 시장 지향적 활동으로 변모했다. 그리고 유럽 단일 시장의 형성은 지속적인 퍼블릭 어페어즈 활동을 유발시켰다. 이 같은 발전을 통해 개별 기업 수준을 넘어서는 두 개의 강력한 협회가 생겨났다. 유럽기업인라운드테이블European Round Table of Industrialists과 주벨기에미국상공회의소American Chamber of Commerce in Belgium 유럽위원회가 그것이다.

유럽이 하나의 거대 시장이 되면서 퍼블릭 어페어즈의 의미는 엄청나게 확대되었다. 당연히 유럽은 세계적 기업들의 각축장이 되었고 그 결과 유럽연합의 주요 집행기관, 가령 EU정상회의European Council, EU이사회Council of the European Union, EU집행위원회Commission of the European Communities 등이 모여 있는 브뤼셀에서는 2005년 기준으로 1만 명가량의 로비스트들이 다국적 기업들과 업계, 이익단체들을 대변하고 있다. 약 3,000개의 이익단체들이 브뤼셀에 사무소를 두고 있고, 단체에 고용된 사람은 1만여 명 이상으로 추정된다. 이처럼 유럽 시장을 둘러싼 기업들의 각축과 경쟁력 다툼으로 인해 브

뤼셀 중심가인 코르텐베르크 거리는 이제 워싱턴의 K스트리트[16]를 방불케 한다고 한다.[17]

당연히, 구글, 마이크로소프트, 야후 같은 미국의 다국적 기업들도 브뤼셀에 자리를 잡았다. 반독점과 지적재산권 등과 관련해서 자신들의 이익을 지키고, 더 나아가 경쟁력을 강화하기 위해서다. 미국 기업들은 유럽 시장에서 주도권을 잡기 위해 유럽 기업뿐 아니라 자국 기업과도 치열하게 경쟁한다. 정치적으로 무관심하던 마이크로소프트는 유럽의 관리들에게 반독점 위반으로 제소당하자 브뤼셀에 투자하기 시작했다. 구글은 2006년 마이크로소프트를 상대로 반독점 문제를 미국 법무부는 물론, EU집행위원회에 제기하는 등의 활동으로 브뤼셀에 진출하기 시작했다.

하지만 유럽의 정치 과정에서는 미국에서만큼 자본의 역할이 크지 않다. 유럽 어느 나라에도 정치 과정의 중심에 선거자금 모금이 자리하지 않는다. 물론 유럽 정부 선거전에서 자본이 전혀 역할을 하지 않는다고 볼 수는 없다. 또 유럽의 정치 과정이 미국화되어 간다고 지적하는 사례도 있다. 가령, 이탈리아의 실비오 베를루스코니Silvio Berlusconi처럼 자본과

---

16 워싱턴 D. C.의 백악관 배후를 동서로 가로지르는 거리인데, 유명 로비회사들이 모여 있다. "한 해 3조원 뿌리는 K스트리트⋯미국 예산 330조 움직인다" (2014. 11. 27). 《중앙일보》

17 로버트 라이시 (2008). 《슈퍼자본주의》. 김영사, pp. 196~197, pp. 206~208.

언론을 장악하여 총리가 된 사례도 있다. 하지만 대체적으로는 선거비용이 적게 들며 그 영향력도 작은 편이다. 그 때문에 유럽의 정치인들은 미국의 정치인만큼 선거자금 모금에 많은 시간을 쏟지 않는다. 결국 유럽의 퍼블릭 어페어즈 발전 과정을 제대로 이해하기 위해서는 각국의 공통성과 함께 특수성을 살펴보아야 한다.

영국의 퍼블릭 어페어즈 발전 과정은 3단계로 나눌 수 있다. 1단계는 1950년대에서 1970년대 이전 시기이다. 미국과 마찬가지로 의회 관계와 정부 관계 활동이 중심이었고, 기업들은 관련 업무를 외부 전문가의 자문에 의존했다. 2단계는 1970년대로, 기업에 퍼블릭 어페어즈가 확산되어 업무 체계를 갖춘 시기이다. 또한 브뤼셀에서의 활동도 본격화되었다. 영국 내에서뿐 아니라 국제적 차원에서도 발전을 이룬 시기라 할 수 있다. 마지막 단계는 1990년대로 의회에서 발생한 이른바 '돈을 받고 한 의회 질의' 스캔들이 계기였다. 이를 계기로 공무원 규범에 대한 놀런위원회The Nolan Committee on standards in Public Life가 구성되었고, 공무원 윤리강령이 만들어지는 등 자기 규제 시스템이 만들어졌다.

독일은 유럽 통합 외에도 동서독 통일에 따른 수도 이전이 발전의 주요 계기였다. 1990년 10월, 본에서 베를린으로 수도 이전이 결정되고 1999년에 이전이 완료되자 기업 조직에 퍼블릭 어페어즈가 보다 공식적인 형태로 자리를 잡았다.

수도 이전으로 인해 기업과 단체 등은 베를린에 새로운 대표 지부를 설치할 필요성을 느꼈다. 그 결과 30대 DAX_{Deutscher Aktien IndeX: German stock index}(프랑크푸르트 증권거래소에 상장된 주식 중 상위 30개 기업을 대상으로 구성된 종합주가지수) 기업 중 약 3분의 2에 해당하는 기업이 베를린에 지사를 설립했다.[18] 영국 등 다른 유럽 국가들과 마찬가지로 유럽연합의 발전 역시 독일 퍼블릭 어페어즈의 발전에 영향을 미친 요소이다. 유럽연합의 중심인 브뤼셀로의 진출이 이루어지면서 활동 수준이 유럽연합 기준에 맞춰 국제화되었고, 이 과정에서 독일인들은 퍼블릭 어페어즈를 투명하고 다수가 참여하는 활동으로서 긍정적으로 인식하게 되었다.

---

18 필 해리스, 크레이그 프레이셔 (2007), 《퍼블릭 어페어즈 핸드북 – 사례편》, 커뮤니케이션북스, p.313.

02

왜 퍼블릭
어페어즈인가?

비즈니스 성과 높이는 통합적 전략

세계적 컨설팅 전문업체인 맥킨지McKinsey는, 기업들이 장기적 관점에서 좀더 적극적이고 정기적으로, 또 예방적으로 정부와 의회, 사회와의 연계를 강화하고 개선할 필요가 있다고 제언했다. 맥킨지는 사회적 어젠더에 관심을 갖고 전략적, 통합적으로 활동하는 퍼블릭 어페어즈 역량이 비즈니스 성과와 높은 상관관계를 가진다고 제시하면서 퍼블릭 어페어즈는 투자 대비 효과가 특히 높은 기업 활동 중 하나라고 강조했다. 늘어나는 규제와 입법 환경 변화로 야기되는 비즈니스 환경의 난기류를 돌파할 해법으로 퍼블릭 어페어즈 역량 강화를 꼽은 것이다. 또한 퍼블릭 어페어즈 전문가인 데이브 시네이Dave Senay 프레시먼힐러드Fleishman-Hillard 회장은 "퍼블릭 어페어즈라고 하면 흔히 '대관對官 업무'나 '로비'를 떠올리지만 로비가 합법적인 미국에서도 전통적 로비 활동이 힘을 잃고 있다. 대중과 합의된 사항은 로비를 할 필요가 없다는 점에서 홍보와 사회 공헌 활동을 통해 우호적 여론을 형성하는 퍼블릭 어페어즈 전략을 구사하고 있다"고 말한 바 있다.[19] 전 세계적으로 금융, 환경 등 각종 분야에서 정부나 규제기관의 역할과 개입이 증가함에 따라 기업이 이 같은 역량을 강화하는 것은 이제 당연한 과제가 되었다.

세계적 기업으로 성장하기 위해서는 미국, 유럽연합과 같은 거대시장에서의 경쟁은 필연적이며, 퍼블릭 어페어즈 분야에서의 성공 없이는 생존도 위협받을 수밖에 없다. 퍼블릭 어페어즈는 기업의 활동뿐만 아니라 국가 이익을 위한 활동에서도 중요한 요소이다. 앞으로 소개되겠지만, 우리나라가 미국의 비자 면제 프로그램VWP, Visa Waiver Program에 가입하기 위해 펼친 다양한 활동, 미국 의회에서 위안부 결의안을 통과시키기 위해 일본과 경쟁하며 기울인 노력들도 모두 퍼블릭 어페어즈의 사례로 볼 수 있다. 또 올림픽 유치와 같은 국가 간 경쟁에서도 각 후보국들은 보다 많은 지지를 얻기 위해 다양한 퍼블릭 어페어즈 활동을 펼치고 있다.

날이 갈수록 가속화되는 세계화와 극심해지는 경쟁 속에

---

19 "규제가 발목 잡는다?… 똑똑한 룰 만들기!" (2011. 9. 30).《매일경제신문》.

서 기업과 정부, 단체 등 각종 조직들은, 자신들에게 막대한 영향을 미칠 수 있는 입법과 정책 등의 의사결정에 적극 개입할 필요성을 더 크게 느끼게 되었다. 따라서 효과적인 활동을 위한 전략적인 접근책 모색이 갈수록 중요해지고 있다. 기업 등 조직의 입장에서는, 퍼블릭 어페어즈가 조직에 매우 중요하다는 점을 인식하고 그에 걸맞게 체계적이고 종합적으로 퍼블릭 어페어즈를 수행하고 있는지 등을 살펴보는 것도 중요한 문제라 할 것이다.

그런데 사회적 관점에서 퍼블릭 어페어즈를 바라보면 논점은 달라질 수 있다. 기업 등 조직의 이익을 위한 퍼블릭 어페어즈 활동이 사회적 이익과 상충하지 않아야 하기 때문이다.

오늘날 많은 조직들이 자신들을 둘러싼 정치·사회적인 환경을 분석하고 정책 결정 과정에 영향을 미치기 위해 노력한다. 또 이를 위해 어떤 전략과 전술을 구사하고 어떤 방법과 수단을 사용할지, 이를 추진하기 위한 조직을 어떻게 꾸려야 효과적일지를 모색한다. 이익을 추구하는 조직의 입장에서 보면 당연한 활동이지만, 그러한 활동이 조직의 목적과 사회의 목적을 상호 보완하고 궁극적으로는 조직과 사회의 이익을 동시에 실현해야 한다는 점이 중요하다.

따라서 조직의 이익을 위한 퍼블릭 어페어즈의 중요성과 함께 이들의 활동이 조직과 사회의 이익을 동시에 실현시키는 활동이 되도록, 적어도 사회의 이익을 희생시키는 일은 없도록 하는 사회적, 제도적 환경의 중요성도 논의되어야 한다.

퍼블릭 어페어즈가 조직의 이익만을 위한 활동이 아니라, 투명하고 진정성 있는 소통이 되도록 하기 위해서는 제도적 환경을 잘 갖추는 것도 중요하다. 그렇지 않을 경우, 사회적 인정을 받고 시민과의 소통을 위해 행하는 기업 활동이 이익 충돌을 일으키고 더 나아가서는 사회 갈등을 부를 수도 있다.

우리나라에서도 이미 퍼블릭 어페어즈 활동은 활발하게 이루어지고 있다. 그런데 퍼블릭 어페어즈를 둘러싼 사회적 인식이나 제도적 환경이 제대로 갖춰져 있다고 보기는 어렵다. 이 분야가 발전했다는 미국과 유럽에서도 아직 학문적인 체계를 갖추지 못한 상황이고, 더욱이 우리나라에서는 간헐적인 소개나 논의가 있었을 뿐이니, 당연한 결과일 수도 있다. 또 각국의 제도적 환경의 차이는 어느 정도 인정해야 할 부분이기도 하다. 하지만 투명하지 않은 활동을 가능하게 한다거나 불법행위가 용인될 여지가 있다면 제도적 환경은 개선되어야 한다.

이를 위해서는 퍼블릭 어페어즈를 바라보는 국민의 인식도 높아져야 한다. 기업 등이 퍼블릭 어페어즈 활동을 하는 이유는 자신들이 지향하는 목적에 대한 사회적 인정, 즉 사회 구성원들의 동의를 얻기 위한 것이므로, 이를 최종 평가하는 것은 국민이기 때문이다. 또 한 사회의 제도적 수준은 그 사회의 인식 수준을 반영하기 때문이다.

한마디로 말해, 퍼블릭 어페어즈가 활발하게 행해지고는 있으나 관련된 사회적 인식과 제도가 뒷받침되지 못하고 있는 것이 우리의 현실이다. 이로 인해 생기는 문제는 퍼블릭 어페어즈 활동이나 관계자 차원에서 그치는 것이 아니라 엄청난 사회 갈등의 요인이 되기도 한다.

세월호 사건으로 확산된 '관피아' 논란

최근 사례로, 2014년 발생한 세월호 참사[20]를 계기로 부각된 '관피아'[21] 논란을 들 수 있다. 전직 관료의 활용은, 한국 퍼블릭 어페어즈의 일상적 행태이다. 이로 인한 문제점은 오래전부터 지적되어왔으나, 개선을 위한 일부 노력에도 불구하고 갈수록 심각해지는 상황이었다. 그런데 세월호 참사를 계기로 문제점이 부각되면서 제도 개선이 강력히 추진되었다. 국

---

20 2014년 4월 16일 인천에서 제주로 향하던 여객선 세월호가 진도 인근 해상에서 침몰한 사고를 말한다. 이 사고로 476명의 탑승객 가운데 172명만이 구조되고 304명이 사망하거나 실종됐다. 특히 수학여행을 가던 고등학생 250명이 사망 또는 실종됐다. 이 사고를 둘러싸고 해운사뿐 아니라 정부의 관리와 대응 체계 등의 문제가 부각되면서 전반적인 국가 개혁의 필요성이 제기되었다.

21 '관피아'란 관료와 마피아(Mafia)가 결합된 조어로, 퇴임 후 관련 기업에 재취업하여 로비스트 역할을 하는 공직자 출신들을 일컫는다. 세월호 참사 이전에는 '모피아(Mopia)'라는 용어가 대표적으로 쓰였으나, 세월호 참사 이후, 해양수산부 등에 근무하며 선박 운항의 안전과 관련된 규제를 담당하던 인물이 퇴임 후 관련 협회나 기업에 재취업하여 바람막이 역할을 한 것이 참사의 주요 원인으로 지목되면서 '해피아' 논란이 일었다. 이 같은 현상이 관료사회 전반에 만연한 현상으로 인식되면서 '관피아'라는 용어로 귀결되었다. 지금은 혁파해야 할 국가적 과제의 상징 용어로 쓰이고 있다.

민에게 엄청난 슬픔과 정신적 충격을 안긴 세월호 참사도 결국은 퍼블릭 어페어즈와 무관하지 않았던 것이다.

이제라도 현실적 활동과 사회적 인식, 제도적 환경의 괴리와 그로 인한 문제점을 줄여야 한다. 미국에서 인종차별에 대한 흑인 저항운동, 여성 권익에 대한 인식 변화가, 유럽에서 유럽통합이 퍼블릭 어페어즈의 발전 계기가 되었듯이 말이다.

세월호 참사를 계기로 2014년 12월에 공직자윤리법은 규정이 상당히 강화되는 방향으로 개정되었다. 또 취업 심사가 엄격해지고,[22] 취업 심사 결과를 2014년 7월부터 처음으로 자체 공개하는 등 제도와 운영상의 변화가 나타났다.[23] 하지만 퍼블릭 어페어즈와 관련 있는 이른바 '김영란법'은 정치권의 거듭된 처리 약속에도 불구하고, 2015년 2월 국회에서 '부정 청탁 및 금품 등 수수의 금지에 관한 법률'이라는 이름으로 부분적으로만 처리되었다. 정부 원안에 있던 세 가지

---

22 정부 공직자윤리위원회의 공개 내용을 보면, 2014년 7월 심사 요청 27건 중 6건은 추가 조사를 위해 심사 보류, 나머지 21건 중 17건은 취업 가능, 4건(19퍼센트)은 취업 제한을 결정했다. 8월에는 23건 중 심사 보류 4건을 제외한 19건 중 취업 가능 10건, 취업 제한 9건(47퍼센트)으로 결정했다. 참고로 최근 3년(2011~2013년)간 퇴직 공직자 취업 제한율은 6.6퍼센트였다. "퇴직공무원 취업 심사, 27건 중 4건 취업 제한 결정" (2014. 7. 31). 《머니투데이》.

23 2014년 7월 심사 결과 공개 후 일부 언론에서 청와대 수석비서관 출신들의 대기업, 로펌 입사 승인에 대해 문제를 제기하는 등 공개 효과가 나타났다. "최순홍·최금락 前 靑수석 대기업, 로펌行 승인 논란" (2014. 7. 31). 《문화일보》

주요 내용 중 '부정 청탁 금지', '금품 수수 금지'만 통과되고, '공직자 이해 충돌 방지' 부분이 빠짐으로써 '반쪽 법안'이라는 평가를 받고 있다. 또 관피아의 폐해를 막기 위한 방안의 하나로 일각에서 거론했던 로비의 제도화 역시 논의가 진척되는 기미가 보이지 않고 있다.[24] 로비의 경우는 1993년부터 활동 공개를 핵심으로 하는 제도화가 제안되었으나, 전혀 진전이 이루어지지 않고 있는 상황이다. 그동안 대형 로비 추문이 발생할 때마다 필요성이 대두되었고, 국가청렴위원회(현재는 국민권익위원회로 기능이 통합)와 법무부 등 정부에서도 검토한 바 있으나 본격적인 논의는 이루어지지 않았다. 특히 17대 국회에서는 로비 공개를 위한 법안이 3건이나 발의되었음에도 불구하고 상임위원회에서 논의조차 제대로 되지 않은 채 폐기된 바 있다.

퍼블릭 어페어즈와 관련된 사회적, 제도적 환경의 변화와 발전을 요구하는 요인들은 사회 내부에서 오랫동안 축적되어왔다. 이 시점에서 퍼블릭 어페어즈가 논의될 필요를 제공하는 요인들을 정리해보면 다음과 같다.

---

24 정종섭 안전행정부 장관은 공직사회 개혁과 관련하여 공직자윤리법만 볼 게 아니라 로비스트 제도를 포함해 큰 패러다임에서 '패키지 개혁'을 해야 한다고 말했다. "정종섭 장관, 로비 제도화 포함 '패키지 개혁' 필요" (2014. 7. 22), 《머니투데이》.

변화와 발전을 요구하는 요인들

첫째, 민주화의 진전으로 시민의 권리 의식이 향상되었다.

민주화는 이제 절차적 민주화를 넘어 실질적 민주화를 요구하는 단계에 이르렀다. 정치적 민주화의 단계를 넘어 경제민주화를 향한 열망이 표출되고 있다. 1987년 민주화는 국민들이 정치적 민주화를 누리게 된 계기이자, 경제민주화에 대한 열망을 헌법에 규정한 계기이기도 했다.[25] 하지만 정치적 민주화의 진전에도 불구하고 경제민주화를 위한 사회경제적 개혁은 국민의 기대만큼 큰 진전을 이루지 못했다. 특히 1997년 외환위기를 계기로 사회 전반에 양극화가 심화되면서 경제민주화에 대한 국민의 열망은 더욱 커졌다. 진보 정권을 누르고 등장한 이명박 정부까지도 '공정'을 국가적 어젠더로 채택하고, 중소기업 적합업종 선정 등 대기업에 대한 규제를 추진했다. 2012년 대선에서 여야를 막론하고 경제민주화와 복지가 최우선 공약이었던 사실도 이 같은 국민적 열망이 반영된 결과라 하겠다.

경제민주화에 대한 열망은 정부와 정치권에 대한 요구에서 그치지 않는다. 국민은 기업이나 단체의 이익 추구 활동

---

25 1987년에 개정된 제9차 개정헌법에 "경제민주화"가 명시적으로 언급되었다.(제119조 ②"국가는 균형 있는 국민경제의 성장 및 안정과 적정한 소득의 분배를 유지하고, 시장의 지배와 경제력의 남용을 방지하며, 경제주체 간의 조화를 통한 경제의 민주화를 위하여 경제에 관한 규제와 조정을 할 수 있다.")

에 대해서도 매우 예민하게 반응한다. 특히 그것이 국민의 부담으로 연결될 가능성이 있다고 인식할 경우에는 매우 격렬한 저항을 부르기도 한다. 더욱이 이와 관련된 결정이 밀실에서 이루어진다면 갈등은 더욱 심각해질 것이다.

이 같은 상황은 퍼블릭 어페어즈와 관련된 기업의 활동과 이를 둘러싼 제도적 장치가 매우 정교하게 설계되어야 함을 의미한다. 가령, 기업 등 이익집단들은 그들의 활동 명분과 내용을 기획할 때 국민들의 인정을 받을 수 있도록 방향을 잡아야 하며 활동 과정 또한 매우 사려 깊고 신중하게 진행해야 한다. 과거의 관행대로 소수 권력자나 정부와의 관계만을 중심으로 하는 활동은 지양하고, 여론을 염두에 둔 소통이 필요하다. 그리고 정부나 정치권은, 기업 등의 이익 추구 활동이 사회적 갈등을 부르지 않도록 다양하고도 정밀한 제도적 장치를 마련해야 한다.

둘째, 정보 공개가 시대적 대세가 되었다.

먼저 정보 제공자들에게 부과되는 공개 의무가 강화되었다. 기업은 물론, 분야를 막론하고 정보 공시가 일상화되고 있다. 과거 정보 공개에 소극적이던 정부와 공공 부문에서도 변화가 일어나는 중이다. 박근혜 정부는 새로운 정부 운영 패러다임으로 "정부 3.0"을 표방하고, 그 일환으로 투명한 정부를 내세우면서, 국민의 알 권리 충족을 위해 공공 정보를 적극 공개하겠다고 천명했다.[26] 이에 따라 높은 수준의 정보 공개가 요구되고, 정확하고도 즉각적인 정보 제공 의무가 부과되었다.

그런데 국민은 더 이상 제공되는 정보만 쳐다보는 수동적인 존재가 아니다. 개인이나 집단이 자신의 역량을 동원하여 능동적인 정보 수집자의 역할을 하는 사례는 더 이상 새삼스럽지 않다. 정부나 기업 등의 자발적인 공개 외에 정부 등의 비밀 공개를 주 목적으로 하는 위키리크스 같은 존재도 그 활동에 대한 평가와는 별개로, 정보 공개를 세계적이고 시대적인 흐름으로 만드는 데 일조했다. 조직의 불법행위나 비리를 내부 책임자나 외부에 고발하는 내부 고발자 보호가 강화되는 추세도 정보 공개를 촉진하는 요인이라 할 수 있다.

이 같은 흐름을 볼 때, 이제는 소수의 이해 당사자들만을 대상으로 한 비공개적인 활동, 비밀스러운 결정 등을 전제로 한 활동은 한계에 부딪힐 수밖에 없게 되었다. 활동 계획과 실행 단계는 물론 정책 결정 과정까지도 시간의 차이는 있을지언정 어느 시점에는 결국 공개된다는 사실을 인식해야 한다. 불법적 활동은 물론이고, 여론에 반하는 활동은 결코 지

---

26 정부3.0 사이트(www.gov30.go.kr) 참조. 정부의 정책 전 과정을 국민 중심으로 소상하게 공개하고, 국민 생활에 큰 영향을 미치거나 행정 감시가 필요한 정보는 국민이 요청하지 않아도 사전 공개하며, 공개 대상 기관을 대폭 확대하고, 모든 정보는 공개를 원칙으로 하며, 공개 문서는 생산하는 즉시 원문까지 사전 공개하겠다고 밝히고 있다.

속될 수 없는 것이다.

따라서 퍼블릭 어페어즈와 관련해서도 공개적이고 투명한 제도적 장치가 마련되어야 한다. 가령, 로비 활동 공개 의무화가 필요하다. 지금은 기업 등의 대관 활동, 즉 행정부와 국회의 정책 결정이나 집행 과정에 대한 활동 내용 공개를 의무화한 규정이 없다. 그런 까닭에 정부의 정책 결정이나 집행 과정에 대해 국민은 때때로 의혹의 눈길을 보낸다. 이런 현상이 누적되면 정부에 대한 불신이 커지고, 이는 심각한 사회 갈등을 부를 수 있다.

셋째, 정보의 확산 속도가 질적, 양적으로 엄청나게 빨라졌다.

이는 정보통신 기술의 급속한 발달에 힘입은 바 크다. 1991년 영국의 소프트웨어 엔지니어인 팀 버너스 리Tim Berners Lee가 월드와이드웹World Wide Web, 즉 인터넷을 발표하면서 이는 거스를 수 없는 대세가 되었다. 정보의 공개, 발굴, 유통이 촉진되었다. 특히 정보의 유통은 그 누구도 통제할 수 없을 만큼 가속화되고 있는 데다 일방향이 아니라 쌍방향으로 이루어지고 있다. 따라서 그 반응도 즉각적이고 폭발적으로 나타나고 있다.

또한 하드웨어의 발전도 변화를 거들고 있다. 이제 사람들은 스마트폰을 통해 언제 어디서나 즉시 정보를 얻을 수 있고, 그 정보에 반응할 수 있게 되었다. 특히 정보 환경의 변화는 정보를 검색, 수집, 확산시키는 과정에서 생길 수 있는 경제적, 시간적, 공간적 부담을 감소시켰다. 각 개인이 스스로 정보를 수집하여, 확산시키는 주체가 된 것이다. 따라서 과거보다 훨씬 적은 비용으로 손쉽게 정부 정책 결정에 영향을 미칠 수 있게 되었다. 이제는 개인이나 소수의 활동만으로도 사회에 엄청난 반향을 불러일으키는 것이 어렵지 않게 된 것이다.

덕분에 소비자로서의 국민은 더 많은 선택권을 가질 수 있게 되었다. 산업 간, 국가 간 경계가 무너지면서 비즈니스의 세계는 무한경쟁의 상황에 접어들었다. 그중에서도 유통업에 일어난 변화가 대표적이다. 도심 지역의 대형 유통매장 위주에서 거의 무한대로 진열 공간을 만들 수 있는 사이버 영역으로 이동하면서, 소비자의 선택지는 폭발적으로 증가했다. 손 안의 스마트폰을 통해 언제든 즉각적인 선택을 할 수 있게 되었다.

이 같은 환경 변화는 기업과 단체의 퍼블릭 어페어즈 활동에 엄청난 도전이 될 것이다. 대중은 이제 정보 선점에서 유리한 위치를 점하게 되었다. 기업 입장에서 보면, 예전보다 정보와 관련한 부담이 엄청나게 커졌다고 할 수 있다. 기업과 관련된 부정적 정보가 예측할 수 없는 상황에서 순식간에 퍼지고, 그에 대한 반응이 즉각적으로 여론을 형성하기도 한다. 사전 대응도 어렵고, 확산을 막을 수단도 마땅치 않다.

게다가 여론이 순식간에 형성되어 굳어지고 나면, 그 흐름을 바꾸기란 거의 불가능하다. 하지만 반대로 기업과 관련된 긍정적 정보는 새로운 기회를 제공하기도 한다.[27] 그리고 이 같은 상황은 기업의 비즈니스에도 직접적으로 영향을 미칠 수 있다. 소비자로서의 국민이 즉각적으로 또 집단적으로 반응을 하기 때문이다. 따라서 이 같은 환경에서 효과적으로 대응할 수 있는 활동에 대한 고민과 연구가 필요하다.

넷째, 기업에 대한 국민의 기대 수준이 높아졌다.

세계 최대 소셜네트워크서비스SNS인 페이스북Facebook의 창업자이자 최고경영자인 마크 주커버그Mark Elliot Zuckerberg의 연봉이 1달러[28]라고 해서 화제가 된 적이 있다. 주커버그는 미국 증권거래소에 제출한 자료에 연봉을 1달러만 받는 이유를 다음과 같이 적었다. "우리는 돈을 벌기 위해 서비스를 제공하는 것이 아니다. 우리는 돈을 벌어 더 나은 서비스를 제공하고자 한다. 요즘 사람들은 단순히 이윤 극대화를 추구하

---

27 가령, 호텔신라의 이부진 사장이 2014년 2월에 80대 택시기사가 신라호텔 출입문을 들이받아 회전문을 파손한 사건과 관련하여 4억 원 상당의 변상을 요구하지 않았던 사실은 사회적으로 긍정적인 평가를 받았다.

28 연봉 1달러 CEO는 제2차 세계대전 때 처음 등장했다. 미국 정부는 전선에 투입할 막대한 군수 자원을 효율적으로 관리하기 위해 민간 기업에서 유능한 인재들을 불러 모았다. 전장 대신 후방에서 조국을 위해 봉사해달라며 그들에게 봉급으로 1달러만 준데서 '연봉 1달러'가 유래한 것이다. 이처럼 '구국의 일념'으로 도입된 '연봉 1달러' 정신은 이후 기업 회생에 활용됐다가 요즘엔 혁신의 상징으로 탈바꿈했다. "'연봉 1달러' 미 CEO들" (2014. 4. 4). 《조선일보》.

는 기업보다는 그 이상을 요구하는 것 같다." 주커버그는 일반 대중이 돈보다는 '그 이상의 무엇'을 기대한다고 판단한 것이다.

기업에 대한 우리 국민의 기대 수준은 어느 정도일까? 조사에 따르면 2014년 상반기 국내 기업에 대한 호감지수는 6년 만에 가장 낮은 수준으로 떨어졌다. 대한상공회의소와 현대경제연구원이 전국 20세 이상 남녀 1,000명을 대상으로 '2014년 상반기 기업호감지수CFI, Corporate Favorite Index'[29]를 조사한 바에 따르면, 100점 만점에 47.1점으로 2008년 상반기 (45.6점) 이후 가장 낮았으며, 그중 '윤리 경영 실천'과 '사회 공헌 활동' 항목이 각각 22.1점과 39.0점으로 특히 낮았다. 호감이 가지 않는 이유로는 '윤리 경영 미흡'(44.5퍼센트)을 가장 많이 지적했고, '사회 공헌 등 사회적 책임 소홀'(22.3퍼센트), '기업 간 상생협력 부족'(21.8퍼센트), '고용 창출 노력 부족'(10.1퍼센트) 등을 들었다. 또 기업 활동의 우선순위를 묻는 질문에는 '이윤 창출을 통한 경제성장 기여'(51.4퍼센트)라는 응답이 '부의 사회 환원을 통한 사회 공헌'(48.6퍼센트)보다 약

---

29 기업호감지수란 국민들이 기업에 대해 호의적으로 느끼는 정도를 지수화한 것으로 ▲국가경제 기여 ▲윤리 경영 ▲생산성 ▲국제 경쟁력 ▲사회 공헌 등 5대 요소와 전반적 호감도를 합산하여 산정한다. 100점에 가까우면 호감도가 높은 것으로, 0점에 가까우면 낮은 것으로 해석한다. "'기업호감도' 47.1점… 3분기 만에 하락세" (2014. 8. 6). 《뉴시스》.

간 앞섰으나, 사회 공헌을 선택한 의견이 지난 조사(40.9퍼센트)에 비해 크게 상승했다.

이 조사를 보면 기업에 대한 우리 국민의 인식도 주커버그의 언급과 크게 다르지 않음을 알 수 있다. 경제 발전에 대한 기여에도 불구하고 국민들은 기업에 '그 이상의 무엇'을 기대하며, 그 기대의 내용과 수준 또한 매우 높은 편이다. 바로 그러한 점 때문에 사회 공헌 활동에 대한 기업들의 노력에도 불구하고, 윤리 경영과 사회 공헌 등이 미흡하다고 판단하는 것이다.[30]

이 같은 상황을 보면, 1960년대 후반부터 미국 기업들이 퍼블릭 어페어즈의 영역을 정치 관계와 정부 관계를 넘어 사회적 관계로까지 확장시키고 기업의 사회적 책임CSR 개념을 비즈니스에 수용하기 시작한 상황도 참고할 필요가 있다. 우리 기업들이 CSR을 어떻게 인식하고 있는지 되돌아보아야 한다. 일부 국민은 기업의 사회 공헌 활동을 비윤리적 기업 경영에 대한 비난을 상쇄하기 위한 수단으로 보기도 한다. 따라서 기업의 퍼블릭 어페어즈 활동이 좀더 체계적이고 조

---

30 우리 기업들의 사회 공헌 활동 지출 규모는 해마다 꾸준히 증가하고 있다. 전국경제인연합회의 조사 결과에 따르면 2012년 한 해 동안 225개 국내 주요 기업이 지출한 각종 사회 공헌 비용은 전년 대비 5.2퍼센트 증가한 3조 2,495억 원에 달했다. 기업 한 곳당 사회 공헌 지출은 평균 144억 4,200만 원으로 매출액 대비 약 0.22퍼센트, 세전 이익 대비 3.58퍼센트를 기록했다. "경기침체 속에도… 기업 사회 공헌은 매년 5~16퍼센트 늘었다" (2014. 7. 23). 《문화일보》.

직적으로 연계될 수 있도록 조직과 활동 모두에 대해 고민하고 연구할 필요가 있다.

퍼블릭 어페어즈의 발전을 위해서는 먼저 사회의 인식이 변해야 한다. 이를 위해서 사회적으로 용인할 수 있는 퍼블릭 어페어즈의 범위나 방법을 논의하고, 사회적 공감대를 바탕으로 투명하고 공정한 활동을 고무하는 방향으로 제도를 정비해야 한다. 그러한 토대 위에서 사회적으로는 참여 주체와 범위가 확대되고, 기업 등 조직의 차원에서는 그 활동이 더욱 체계적이고 조직적으로 행해지는 방향으로 발전하는 것이 바람직하다 하겠다.

제2장

•

퍼블릭 어페어즈
실행을 위한 활동

Intro 퍼블릭 어페어즈의 종류와 진행 양상

정부 관계 중심에서 일반 대중과 지역사회에 대한 활동까지 포함하는 방향으로 확대되면서 퍼블릭 어페어즈 활동의 종류도 다양해졌다. 물론 어떤 활동에 어느 정도의 비중을 둘 것인가는 기업이나 단체의 상황, 수행해야 할 과제의 내용과 성격 등에 따라 다를 수 있다. 또 활동의 종류가 다양해지는 만큼, 그 활동을 수행하는 전략과 전술 역시 계속 진화할 것이다. 특히 통신기술 등의 발달로 인해 더욱 효과적이고 다양한 활동 방법이 생겨날 것이다.

이 장에서는 퍼블릭 어페어즈의 전통적인 3대 활동이라고 할 수 있는 로비, 풀뿌리 로비, 정치 활동 후원에 선거 참여, 이미지·이슈 광고(홍보), 연합 활동, 공공 정책 관련 모니터링과 대응, 웹 활동, 사회적 기여, 사법적 활동 등을 더하여 열 가지로 정리해보고자 한다.[1] 그런데 이들 활동 중에는 미국이나 유럽과 달리, 한국에서는 법적인 제약을 받는 활동도 있다. 가령, 로비와 정치 활동 후원 같은 것들인데, 이런 내용도 함께 다루고자 한다.

---

1 활동의 분류와 관련해서는 필 해리스, 크레이그 프레이서의 《퍼블릭 어페어즈 핸드북—실행편》 (2007, 커뮤니케이션북스) 중 "퍼블릭 어페어즈의 수단과 기술" 등을 비롯한 여러 자료들을 참고했다.

퍼블릭 어페어즈 활동에는 대상이 있다. 그 대상은 정부나 의회뿐 아니라 기업이 추구하는 이익으로 인해 영향을 받는 다른 기업, 단체, 때로는 공익을 앞세우는 시민단체가 될 수도 있다. 각 기업이나 단체는 사안에 따라 공격적 입장이 될 수도 있고 수비적 입장이 될 수도 있다. 대상이 있는 게임에서는 여론의 향배도 중요하다. 자기 편이 많을수록 유리한 환경이 조성되기 때문이다. 로비, 풀뿌리 로비, 정치 활동 후원, 선거 참여 활동 외에 홍보와 연합 활동을 전개하는 것도 그러한 이유 때문이다. 사안이 있을 때뿐만 아니라 평소에도 활동하고 관리해야 하기 때문에 공공 정책에 대한 모니터링과 웹 활동, 사회적 기여 활동도 지속적으로 수행한다. 사법부의 판단이 필요한 사안은 사법적 활동으로 대응하기도 한다.

이러한 활동들이 하나의 목표를 달성하기 위해 동시다발적으로 진행될 때도 있다. 제약회사인 노바티스Novartis의 경우가 그렇다. 노바티스는 백혈병 치료제 글리벡을 인도 시장에서 특허 등록하는 과정에서 큰 어려움을 겪었다. 인도 정부가 기존 약품과의 차별화가 어렵다는 이유로 특허 인정을 하지 않았기 때문이다. 이는 인도의 특허 기준이 글로벌 스탠더드에 맞지 않아서 벌어진 일이었다. 노바티스는 문제 해결을 위해 여러 가지 활동을 병행했다. 우선 인도 법원에서의 법정 다툼과 함께 대정부 설득에 나섰다. 한편으로는 글리벡을 인도 환자들에게 무료로 공급하는 결단을 내렸다.

'사법적 활동'과 '로비', '사회적 기여'를 동시에 추진하면서 홍보를 병행한 것이다. 특히 소비자들을 상대로 적극적인 설득 작업에 나서 인도 국민 여론의 힘을 얻게 됐고 결국 특허를 얻어내는 데 성공했다.[2]

의외의 상대와 맞붙는 경우도 있다. 미국 하원은 2005년 후반에 상품선물거래위원회CFTC에 가스 가격 조사권한을 주어 가스 생산자들과 판매자들의 가격 기록을 의무화하고, 이를 위반할 경우 엄한 벌칙을 부과하는 법안을 통과시켰다. 그 이유는 당시에 천연가스 가격의 조작 여부가 의회에서 논란이 되었기 때문이다. 언뜻 보면, 가정 난방을 천연가스에 의존하는 소비자들과, 탐욕스러운 에너지 회사들의 싸움처럼 보였다. 하지만 이 법안은 일반 소비자 단체가 아닌, '전미산업용에너지소비자협회'의 로비스트들이 입안한 것이었다.

가스 소비가 많은 대규모 제조업체와 비료 생산업체의 연합체였던 이 협회는 2005년 천연가스 공급 부족으로 시장에 투기꾼이 생겨나자 이에 불만을 품게 되었다. 따라서 이 법안을 가장 반대한 쪽은 석유와 가스회사들이 아니라, 불안정한 가스 시장에서 떼돈을 벌던 금융 투기꾼들이었다. 투기꾼들이 금융 서비스업계의 지원을 받아 법안 저지에 나선 것은 당연한 일이었다. 대표적인 단체가 '국제스왑 및 파생상품협

2 "PA 전략 위해 '어젠더 세팅' 주저하지 말라" (2011. 9. 30). 《매일경제신문》.

회'였는데, 이 단체에는 채권시장협회, 증권산업협회, 선물
산업협회 등이 소속되어 있었다. 이들은 상품선물거래위원
회에 그런 권한을 주면 관련 업체들이 규제가 덜한 해외 시
장으로 옮겨 갈 것이라고 주장하여 결국 법안을 무산시켰다.

　이해관계가 상당히 복잡하게 얽히는 경우도 있다. 2006년
10월, 미국 의회는 인터넷 도박에 신용카드 지불을 금지하
는 법안을 통과시켰다. 이는 사실상 모든 온라인 도박을 금
지시키는 조치나 다름없었다. 이 법의 표면적 목적은 대중
이 도박 등의 행위에 빠지지 않게 한다는 것이었다. 하지만
이 법을 실제로 주도한 그룹은 전국에 있는 900개 이상의 카
지노들이었다. 이들은 온라인 도박의 엄청난 성장이 자신들
의 수익에 위협을 줄 수 있다고 보았다. 온라인 도박이 쉬워
질수록 굳이 먼 곳에 있는 카지노까지 갈 필요가 줄어들기
때문이다. 이 법으로 손해를 볼 수 있는 다른 이해 당사자들,
즉 경마 베팅업계, 메이저리그 구단, 편의점 체인에도 비상
이 걸렸다. 경마 베팅업계 로비스트들은 업계에 피해가 미치
지 않도록 예외 조항을 넣는 데 성공했다. 메이저리그 구단
을 대변하는 로비스트들은 야구의 인기에 공헌하는 스포츠
게임들을 제한하지 않도록 예외를 만들었다. 편의점 체인 로
비스트들은 이 법안에서 복권이 제외되도록 힘을 썼다. 결국
가장 큰 손해를 본 것은 외국을 근거지로 하는 온라인 도박
회사들이었다. 그런데 재미있는 것은 몇몇 도박회사들은 런

던증권거래소에 상장된 기업으로, 투자자들 가운데는 골드만삭스 등에 연결된 뮤추얼펀드들도 있었다는 점이다. 결과적으로는 일부 미국 투자자들도 손해를 보았다.[3]

퍼블릭 어페어즈 활동이 몇 년씩 계속되는 경우도 있다. 미국의 경우 유리한 결과를 얻기 위한 싸움은 여러 정부 기구들을 거치기도 한다. 의회에서는 상·하원 어느 한쪽에서 진 다음에 다른 쪽에서 이길 수도 있고, 상원과 하원의 합동회의에서 이길 수도 있다. 이 모든 과정에서 지더라도 백악관의 거부권을 기대해볼 수도 있다. 이마저도 안 되면, 법의 시행을 담당하는 행정부나 기관에서 다시 유리한 국면을 조성할 수도 있다. 이것도 어려우면 다시 의회의 우호적인 의원들을 찾아가서 정부 부처나 기관에 의견을 전달하도록 할 수도 있다. 물론 법적인 다툼도 가능하다.

사우스웨스트항공[4] 사례[5]

창업을 위한 법정 다툼

1967년 11월 27일, 사우스웨스트항공(Southwest Airlines)의 창업자인 허브 켈러허(Herb Kelleher)는 텍사스 주의 댈러스, 휴스턴, 샌안

---

3 로버트 라이시 (2008), 《슈퍼자본주의》, 김영사, pp.214~216.

토니오 3개 도시에 취항하겠다는 신청서를 텍사스항공위원회에 제출하여 1968년 2월 20일 허가를 받았다. 하지만 기존 항공사들의 반격이 시작되면서 예상보다 긴 법정 다툼에 돌입하게 된다.

텍사스항공위원회가 사우스웨스트항공의 취항 신청을 허가하기로 결정한 날, 브래니프, 트랜스 텍사스(훗날의 텍사스 인터내셔널), 컨티넨탈항공 등은 사우스웨스트항공의 항공업 진출을 막기 위해 행동에 돌입했다. 텍사스항공위원회가 사우스웨스트항공에 항공업 면허증을 발급하지 못하도록 법원에 가처분 신청을 낸 것이다. 이 사건은 1968년 여름 1심 법원으로 넘어갔다. 기존의 3개 항공사는 사우스웨스트항공이 취항하려는 시장은 이미 포화 상태로, 새로운 항공사가 들어올 여지가 없다고 주장했다. 일부 언론이 "진검승부", "텍사스에서 가장 볼만한 쇼"라고 묘사할 정도로 법정 다툼은 치열했다. 그런데 1심과 2심 법원은 기존 항공사들의 손을 들어주었다.

이렇게 되자 사우스웨스트항공 이사회에서는 회사 설립을 포기하자는 의견까지 나왔다. 자본금은 법정 소송비용으로 다 날아갔고, 텍사스항공위원회의 면허증 없이는 추가자금 모금 전망조차 불투명했다. 결국 기존 항공사들의 법적, 정치적, 경제적 공세를 돌파하기가 어려울 것이라는 쪽으로 의견이 기울었다.

그러나 허브 켈러허가 재판비용을 부담하고, 자신에게 줄 변호사 비용을 무기한 연기해도 좋다고 이사회를 설득하면서 사우스웨스트항공

---

4 사우스웨스트항공은 미국에서 가장 성공한 항공사이다. 《좋은 기업을 넘어 위대한 기업으로》의 저자인 짐 콜린스는 그의 또 다른 저서 《위대한 기업의 선택》에서 최종적으로 7개의 '10X 기업'을 선정했는데, 사우스웨스트항공은 그중에서도 가장 성과가 좋은 기업이었다. 1972년 말에 1만 달러를 투자했다면, 2002년 말에는 1,200만 달러의 가치가 될 정도였다. 이것은 시장과 비교하면 63.4배 높은 성과이고, 동종업계와 비교하면 550배 이상 높은 성과이다. 짐 콜린스 외 (2012). 《위대한 기업의 선택》. 김영사 참조.

5 이 사례는 케빈·재키 프라이스버그의 《너츠-사우스웨스트 효과를 기억하라》 (2008, 동아일보사) 등을 참조.

은 텍사스 주 대법원에 상고하게 된다. 치열한 법정 다툼이 이어진 결과, 대법원이 사우스웨스트항공의 손을 들어줌으로써 그들은 항공업 면허를 손에 넣게 된다. 브래니프 등이 연방 대법원에 항소했지만, 항소가 기각되면서 법정 다툼은 1970년 후반에 일단락되었다.

하지만 브래니프와 텍사스 인터내셔널은 사우스웨스트항공의 취항을 막기 위해 자본금 모금 방해, 진정 제기, 취항 금지 가처분 신청 등 온갖 수단을 동원했다. 그러나 사우스웨스트항공은 모든 난관을 극복하고 1971년 6월 18일 운항을 개시했다.

공항 사용을 둘러싼 경쟁과 법적 공방

사우스웨스트항공과 기존 항공사들과의 싸움은 취항 후에도 멈추지 않고 공항 사용을 둘러싼 경쟁과 법정 다툼으로 이어졌다.

휴스턴의 공항 사용을 둘러싼 경쟁: 사우스웨스트항공과 기존 항공사들은 휴스턴 도심에서 가까운 윌리엄 P. 하비 공항 취항을 둘러싸고 경쟁을 벌이게 된다.

1969년 주요 항공사들은 하비 공항을 비우고 교외에 새로 지은 조지 부시 인터컨티넨탈 공항으로 옮겨 갔다. 사우스웨스트항공 역시 이 공항에서 취항했지만 경영상 고전을 면치 못했다. 1971년 11월 사우스웨스트항공은 이판사판의 심정으로 도심에서 가까운 하비 공항에서 출발하는 휴스턴-댈러스 노선을 운영하기로 한다. 그런데 이 조치가 승객들의 호응을 얻으면서, 사우스웨스트항공은 휴스턴에서 출발하는 모든 노선을 하비 공항으로 옮기기로 결정한다.

이렇게 되자 브래니프와 텍사스 인터내셔널도 일부 노선을 하비로 옮겼고, 이번에는 법정 다툼이 아닌, 마케팅과 서비스 경쟁을 벌이게 된다. 사우스웨스트항공은 낮은 요금, 정시 발착, 빠른 서비스를 통해 이 싸움에서 승리했고, 1970년대 중반 두 항공사는 하비 공항에서 철수했다.

댈러스의 공항 사용을 둘러싼 법정 다툼: 댈러스에서 발생한, 공항 사용을 둘러싼 이견은 법정 다툼으로 이어졌다.

댈러스에는 도심에서 10분 거리에 기존의 러브필드 공항이 있었으나, 도심에서 30분 거리의 교외에 댈러스-포트워스 신공항이 완공되었다. 하지만 사우스웨스트항공은 도심에서 가까운 러브필드 공항에서 계속 운항하기를 원했고, 이는 항공사들의 공항 이용료를 통해 공항 건설 투자비를 회수하려던 신공항 측과의 충돌을 예고했다. 게다가 휴스턴의 하비 공항에 이어 러브필드 공항까지 고수하겠다는 사우스웨스트항공에 대해 다른 항공사들은 더욱 반감을 가지게 되었다. 결국 1972년 6월 댈러스 시, 포트워스 시, 신공항 공단은 공동으로 사우스웨스트항공을 법원에 고소했다. 사우스웨스트항공은 러브필드 공항을 사수하기 위한 법정 다툼에 돌입했고, 연방 대법원까지 가는 5년간의 공방 끝에 승리를 얻어냈다.

한편 법적 공방이 진행되던 1975년 2월 14일 브래니프와 텍사스 인터내셔널은 사우스웨스트항공의 정당한 영업 행위를 방해하여 항공업계에서 쫓아내려 했다는 혐의로 미국 정부에 의해 기소되었다. 이들 두 항공사는 10만 달러의 벌금형을 선고받았다.

도약을 위한 입법 활동

1978년 연방항공업 탈규제법 제정을 계기로 러브필드 공항 사용을 둘러싼 입법 활동이 불가피해졌다.

카터 행정부의 항공 자유화 정책으로 1978년 연방항공업 탈규제법이 제정됐을 당시 사우스웨스트항공은 텍사스 주 내에서만 운항을 하고 있었다. 사우스웨스트항공은 탈규제법에 따라 다른 주의 도시로 취항을 확대하기 위해 휴스턴-뉴올리언스(루이지애나 주), 댈러스-뉴올리언스 노선 취항을 민간 항공국에 신청했다. 그러자 댈러스-포트워스 공항 당국 지지 세력들이 사우스웨스트의 댈러스-뉴올리언스 노선 취항에 강력히 반발했다. 당시 하원 다수당(민주당) 원내총무였던 포트워스 출신 짐 라이트(Jim Wright) 의원 역시 사우스웨스트항공의 취항을 반대했다.

하지만 민간 항공국은 사우스웨스트의 댈러스-뉴올리언스 취항을 허가했고, 1979년 9월 운항이 시작되었다. 그러자 짐 라이트 의원은 이 문제를 하원으로 끌고 갔다. 그는 댈러스–포트워스 공항 보호를 명분으로 러브필드 공항에서 출발하는 비행기는 다른 주의 도시로 취항할 수 없도록 하는 법안을 상정했다. 이제 사우스웨스트항공은 법정이 아닌 의회로 가야 했다. 켈러허를 비롯한 사우스웨스트항공 관계자들은 의회 문턱이 닳도록 드나들면서 자신들의 취약한 사정을 호소하는 한편, 워싱턴의 일류 로비스트인 J. D. 윌리엄스(Williams)의 도움으로 영향력 있는 의원들을 지원 세력으로 확보했다. 이 같은 입법 로비의 결과, 라이트 의원은 전면 금지에서 일부 취항을 허용하는 내용으로 법안을 수정하는 데 동의했다. 라이트 수정안(Wright Amendment)으로 불리는 이 법은 1980년 발효됐는데, 56석 이상의 중대형 항공기는 러브필드 공항으로부터 4개 주(루이지애나, 아칸소, 오클라호마, 뉴멕시코) 도시 외에는 취항할 수 없다는 것이 주요 내용이었다.

라이트 수정안에 근거한 이 같은 노선 제한 정책은 2014년 가을에 해제되는데, 사우스웨스트항공은 10월 13일, 11월 2일 두 차례에 걸쳐 러브필드 공항으로부터 뉴욕과 시카고, LA 등 미국의 주요 15개 도시에 취항을 개시한다고 발표했다. 사우스웨스트항공의 '텍사스 벗어나기' 투쟁은 항공업계의 오랜 전설로 기록되고 있다. 허브 켈러허 공동 창업주와 그의 변호사는 이 역사적 발표가 있기까지 긴 세월 동안 법정 다툼을 계속했다. 2014년 2월 3일 사우스웨스트항공의 '직항노선 발표' 연단에 선 켈러허는 "길고 긴 인내심이 결국 해내고야 말았다"며 "겨우 40년밖에 걸리지 않았다"고 반어법을 사용해 소감을 전했다고 한다.[6]

---

6 "사우스웨스트항공, 전국 직항노선 운항" (2014. 2. 7), 《애틀랜타 조선일보》.

01

로비

입법 관계자들에게 직접적으로 견해를 전달하는 활동

로비lobby는 정부의 의사결정에 영향을 미치기 위해 관료들이나 선출된 공직자를 직접 접촉하여 자신들의 견해를 전달하는 이익 추구 활동이다. 구체적으로는 자신들의 견해를 뒷받침할 자료와 정보를 제공하거나, 차기 선거에서의 지지나 반대를 암시하는 등의 방법으로 영향력을 행사한다. 로비를 하는 사람을 로비스트lobbyist[7]라고 하는데, 이들은 로비 외에도

---

[7] 미국 최초의 압력단체는 1784년에 설립된 사우스캐롤라이나농업회(South Carolina Agriculture Society)로 알려져 있다. 미국에서 '로비'라는 단어가 처음으로 의회의 기록에 나타난 것은 1808년 제10대 의회였다. 로비 활동하는 사람을 로비어(lobbier)라고 부르기도 했는데, 로비스트라는 단어는 로비 에이전트(lobby agent)라는 용어가 축소되면서 1832년부터 의회에서 널리 사용되었다. 정재영(1987).《로비경제학》. 매일경제신문사, p.9, pp.11~12, p.70.

풀뿌리 로비를 조직하거나, 정치자금 조성과 지원에 관여하기도 한다. 미국에서 로비는 표현의 자유 또는 청원권의 일환으로 보장되는 헌법적 권리이므로, 민간 기업은 말할 것도 없고, 정부 지원 기업, 민영화를 통해 만들어진 기관들도 맹렬한 활동을 펼친다.

민영화를 통해 만들어진 민간 교도소들의 사례를 보면 강력한 로비와 홍보를 통해 반대자들의 접근을 막고 자기 영역을 확대한다. 민간 교도소를 운영하는 교정회사들은 그들이 운영하는 교도소의 침대를 채우기 위해, 범죄자들의 복역 기간을 늘리도록 주 당국에 로비를 벌이는데 이를 위해서 몸값이 비싼 로비스트를 고용한다. 이런 이유 때문인지 민간 교도소에 수감된 사람들은 공공 교도소 수감자들보다 오래 복역하는 경향이 있다고 한다. 주 교정 당국이 수행한 연구에 따르면, 민간 교도소 수감자들이 공공 교도소 수감자들에 비해 조기 출감을 위한 시간 공제 제도인 '선행 시간Good Time(수감자의 교도소 내 생활 태도가 좋으면 그것을 시간으로 환산하여 수감 기간을 줄여주는 제도)'에서 8배나 손해를 보고 있다고 한다. 이유는 간단하다. 출감이 빨라질수록 교정회사의 수입이 줄어들기 때문이다. 그 밖에도 교정회사들은 주와 지방 당국이 소유한 기업으로부터 물품과 서비스를 구매하고, 상당한 액수의 정치 후원금을 기부하며, 재정 후원을 통해 잠재적 비판자들을 포섭한다.[8]

전문 로비스트의 활동을 허용하지 않는 한국

그런데 로비와 관련해서 한국은 미국과 두 가지 차이가 있다. 첫째는 기업이나 단체가 직업적인 전문 로비스트를 활용할 수 없다. 둘째는 로비 활동의 공개 의무화가 법적으로 규정되어 있지 않다.

우선, 미국에서는 직업적인 전문 로비스트의 조력을 받을 수 있다. 이들을 활용한 로비도 청원권 또는 표현의 자유라는 헌법적 권리의 일환으로 간주된다.[9] 물론 자신의 조직원과 로비스트를 같이 활용하는 경우도 있다. 로비스트들은 보통 의회의 의원 또는 스태프 출신이거나, 행정부 출신인 경우가 많다. 그들은 의회와 행정부의 정책 결정 과정에 정통하고, 다양한 인적 네트워크를 확보하고 있다. 물론 로비스트로 활동하다가 다시 의회와 행정부로 가서 과거 자신이 일했던 로비 회사와 긴밀한 관계를 맺으며 활동하는 경우도 있다. 이른바 회전문 현상revolving door phenomena이 생겨나는 것이다.

한국이 미국의 비자 면제 프로그램 가입을 추진하는 과정에서도 로비스트가 활동했다. 당시 주미 한국 대사였던 이태식 대사는 상·하원 의원 150여 명을 만나는 등 자신이 직접 로비스트 역할을 하기도 했다. 또 한국 대사관은 비자 면제

---

8 매튜 A. 크렌슨, 벤저민 긴스버그(2013). 《다운사이징 데모크라시》. 후마니타스. pp.371~374 참조.
9 미국의 경우 로비 합법화의 원천이 되는 조항은 1791년에 제정된 수정헌법 제1조다.

결정에 영향력을 미칠 수 있는 상·하원 3개 위원회 소속 의원 보좌관 27명의 한국 방문을 주선하여 한국의 출입국 관리 시스템을 확인시켜 주기도 했다. 그런데 그 과정에서 오히려 로비스트 고용의 필요성을 느껴서 한국계 미국인 로비스트 토머스 김을 고용했다. 뉴욕에서 태어난 그는 클린턴 행정부에서 의회 활동을 시작한 인물로, 2004년 민주당 대통령 후보를 지낸 존 케리John Kerry 상원 의원을 지원하면서 상원 외교 위원회에서 의회 업무를 익혔고, 미국 무역대표부 대표를 보좌하기도 했다.[10]

그런데 한국에서는 기업이나 단체의 조직원이 업무의 일환으로 로비스트 역할을 하는 것은 허용되나, 전문 로비스트의 활동은 허용되지 않는다. 로비를 구체적으로 규정하거나 직접 규제하는 법률은 없지만, 변호사법 등의 규정이 이를 사실상 금지하고 있다. "한국에서는 로비가 불법"이라고 하는 말은, 전문 로비스트를 통한 로비가 불법이라는 뜻이다.

따라서 기업과 단체는 자신의 조직원들을 로비스트로 활용한다. 이른바 대관對官, 또는 대외對外 협력 업무 담당자들이다. 하지만 기존 조직원의 활동은 전문성이나, 인적 네트워크 면에서 한계가 있을 수밖에 없다. 그래서 관련 업무에 정

---

10 한국이 미국의 VWP 가입을 추진하는 과정에서의 여러 활동과 관련해서는 한용걸 (2011), 《K스트리트》, 서해문집, pp.31~57을 참조.

통하고, 인적 네트워크를 구축하고 있는 행정부, 국회 출신 인사들을 영입한다. 전문 로비스트가 허용되지 않는 상황을 전직 고위 관료들을 직접 고용하는 방법으로 극복하고 있는 것이다.

가령, SC그룹(스탠다드차타드 그룹)이 1조 원 넘는 고배당을 위해 한국 정부에 로비를 계획했다는 내용이 우리 언론에 의해 보도된 적이 있다. 접촉 대상자로는 금융 당국은 물론, 청와대와 국회의원까지 포함되어 있었다고 한다. 이들을 접촉하기 위해 나선 사람들은 전직 국무총리를 비롯한 고위 관료 출신들로서 이들은 모두 어떤 형태로든 SC그룹에 소속되어 있었다. 따라서 이들이 한국 정부에 행한 로비는 문제 될 것이 없었다. 물론 SC그룹이 추구했던 고배당에 대한 평가는 별개의 문제다.[11]

로비의 공개 의무화 규정이 없다

두 번째 차이점은 로비 공개의 문제다. 미국은 전문 로비스트를 통한 로비는 허용하지만, 동시에 법률로 일정 수준 이상의 로비는 반드시 공개하도록 의무화하고 있다.[12] 반면 한

---

11 "'고배당 로드맵' 만든 SC(스탠다드차타드 그룹), 금융당국·靑·국회 로비" (2014. 12. 2), 《조선일보》.
12 1995년 제정된 로비공개법(Lobbying Disclosure Act)과 외국인 로비스트 등록법 (FARA: Foreign Agents Registration Act) 등에 규정되어 있다.

국은 전문 로비스트를 통한 로비는 금지하고 있으나, 내부 조직원들이 행하는 로비의 공개를 의무화하는 규정이 없다. 따라서 기업이나 단체가 고용하는 형태만 유지한다면, 공개 의무 없이 자유롭게 로비를 할 수 있는 환경이다. 국민의 입장에서 볼 때는, 공공 정책의 결정 과정에서 어떤 영향력이 행사되고 있는지 전혀 알 수가 없는 것이다. 세월호 참사 이후 부각된 '관피아' 논란은 이 같은 상황이 낳은 예상된 결과이기도 하다.

이러한 제도의 차이는 로비에 대한 인식의 차이, 가령, 로비를 헌법적 권리로 보는 시각과 부정한 거래로 보는 관점의 차이를 반영한다고 할 수 있다. 제도는 그 사회의 일반적인 인식 수준을 반영하기 때문이다.

미국의 대표적인 로비단체로는 '이스라엘 로비'의 중심에 있는 AIPACAmerican Israel Public Affairs Committee(미국-이스라엘 공공문제위원회)을 들 수 있다. 미국 거주 유대인은 약 650만 명으로 미국 전체 인구의 2.2퍼센트밖에 안 되지만 이들의 영향력은 강력하다. 막강한 네트워크를 바탕으로 한 전방위 로비 덕분이다. AIPAC은 435개 연방 하원 선거구 모두에 관련 조직이 퍼져 있다. 유권자의 힘을 무시할 수 없는 정치인들의 약점을 최대한 활용하고 있는 셈이다. 이들이 매년 연방 상·하원 의원들과 갖는 공식 미팅 횟수만 2,000건이 넘는다고 한다.[13]

AIPAC은 4년 임기의 회장을 대선 1년 전에 선출하는 전통이 있다. 민주당과 공화당 후보의 윤곽이 드러난 시점에서 당선 유력 후보와 가까운 사람을 대표로 내세워 자신들에게 우호적인 대통령이 탄생되도록 영향력을 행사하는 것이다. 미국 대선의 풍향을 알려면 AIPAC의 움직임을 보라는 말이 있을 정도이다. 그런 만큼 유대계는 오바마 행정부에도 강력한 교두보를 확보했다. 초대 비서실장을 지냈으며 현재는 시카고 시장인 람 이매뉴얼Rahm Emanuel 전 하원 의원이 유대인이다. 그는 결혼 전에 아내를 유대교로 개종시켰고, 이스라엘 국적도 가지고 있다. 이매뉴얼은 유대계 네트워크를 이용하여 오바마 선거캠프에 거액의 정치자금을 끌어들인 것으로 알려졌다. 그의 부친은 유대 민족주의자의 무장 그룹에 참여한 전력이 있다. 비서실 차장에 기용됐던 모나 서트펜Mona Sutphen, 2013년 초까지 재무부 장관을 지낸 티모시 가이트너Timothy Geithner 역시 유대인이다. 재무부 장관을 거쳐 하버드 대학교 총장을 지낸 로렌스 서머스Lawrence Summers는 오바마 정

---

13 AIPAC은 1951년에 창립된 단체로 이스라엘 대미(對美) 로비의 선봉장이다. 이 단체에 소속된 로비스트와 유급 상근직원만 200명이다. 연간 예산은 4,700만 달러에 이르고, 미국 전역에서 활동하는 회원은 10만 명이 넘는다. 경제 전문지인 《포천》은 1997년과 1998년 2년 연속으로 미국 내에서 두 번째로 영향력 있는 로비 그룹으로 선정했다. 2005년 《내셔널 저널》의 조사에 의하면 전국총기협회(NRA)에 이어 두 번째로 많은 로비자금을 지출한 단체다. 회원의 대부분은 이스라엘에 강렬한 관심을 갖고 있는 미국 시민이고, 따라서 외국 로비단체로 등록되어 있지도 않다. 송의달 (2007). 《미국을 로비하라》. 삼성경제연구소, pp.46~47.

권에서 국가경제위원장을 지냈다. 연방준비제도이사회 의장을 지냈던 폴 볼커Paul Volcker는 오바마 정부의 경제회복자문회의 의장으로 복귀했다. 피터 오르스작Peter Orszack은 백악관 예산처장에 임명되었다. 제임스 스타인버그James Steinberg는 국무부 정책 담당 부장관을 맡아 외교 정책을 총괄했다. 오바마 캠프의 유대계 네트워크를 담당했던 데이비드 액설라드David Axelrod는 백악관 선임 고문으로 임명되었다. 오바마의 백악관이 유대인에게 둘러싸여 있다고 보아도 좋을 정도다.[14]

AIPAC이 매년 여는 총회에는 대통령을 포함한 미국 정치계의 거물들이 대거 참석한다. 빌 클린턴, 버락 오바마도 이곳에서 연설한 적이 있다. 이스라엘 총리를 비롯한 장관들도 참석한다. 2014년에도 3월 2~4일에 걸쳐 총회가 열렸는데, 주제별 프로그램 연사가 300여 명이었고 참석 인원이 1만 4,000명을 넘었다. 미국 연방 의회 상·하원 의원 350여 명도 얼굴을 비췄다. 전체 의원(상원 100명, 하원 435명) 3분의 2 이상이 참석한 것이다. 2012년에는 오바마 대통령이 직접 참석해서 연설했지만 2014년에는 존 케리 국무 장관이 참석하는 것으로 대신했다. 그래서 총회 분위기가 상당히 가라앉았다는 후문도 있었다.[15]

---

14 "미국을 움직이는 2퍼센트 유대인들의 '파워 네트워크'" (2009. 2. 10). 《시사저널》. 1007호.
15 "[세계는 지금] AIPAC 위상·영향력 퇴조" (2014. 3. 10) . 《세계일보》.

로비에는 전문가의 역할도 중요하다. 로비는 자신의 입장이 더 옳다고 주장하는 것이므로, 때로는 분야별 전문가나 정책 분석가 등이 필요하다. 따라서 기업 등은 로비스트와 함께 전문가들을 활용한다. 전문가들은 입법자들의 입장에서도 필요한 존재다. 자신들이 내린 결정이 정당하다는 것을 언론이나 대중에게 설득시킬 수 있어야 하기 때문이다. 기업 등이 활용하는 전문가들은 결과적으로 입법자들의 이 같은 필요를 충족시키기 위해서도 활용된다. 가령, 2003년 새로 시행된 메디케어 의약품 혜택을 놓고 뜨거운 논쟁이 벌어질 것을 예상하여, '전미의약품연구 및 제조업체협회'는 자신들의 입장을 대변할 경제학자들을 위해 100만 달러의 예산을 책정했다.[16]

이 같은 관계 구축은 회사 외부뿐만 아니라 내부에서도 중요한 과제다. 가령, 미국의 유통업체 시어즈Sears의 정부 관계 담당자는 최고 경영진들에게 회사의 최고 우선순위에 들어가 있는 항목들이 왜 회사에 중요한지를 설명하고, 그것들이 회사의 경영 성과에 어떤 영향을 주는지 보여주었다. 실제로 시어즈의 정부 관계 담당부서에 속한 커뮤니케이션 전문가들의 주 임무는 '내부 로비'였다고 한다. 이들은 모든 직원들에게 회사의 핵심 이슈가 무엇인지 설명하고, 회사 정치활동

16 로버트 라이시 (2008). 《슈퍼자본주의》. 김영사, p.228.

위원회PAC, Political Action Committee를 통해 정치헌금을 기부하도록 요청하며, 중요한 이슈에 대해서는 회사를 대신하여 중앙 정부나 지방 정부의 관리들에게 서신을 보내도록 강력하게 권고하기도 했다.[17]

17 폴 아르젠티, 재니스 포먼 (2001). 《기업 홍보의 힘》. 커뮤니케이션북스. p.281.

풀뿌리
로비

조직적일수록 효과적인 이해관계자들의 활동

풀뿌리 운동이라고도 불리는 풀뿌리 로비grassroots lobby 활동은 이해관계가 있는 사람들이 집단적으로 그들의 주장을 정부에 전하는 활동이다. 따라서 로비라는 용어가 붙어 있긴 하지만 법률적 의미에서는 '로비'와 다르다. 그런데 이런 활동이 늘 능동적으로 이루어지는 것은 아니다. 현실에서는 목표를 효과적으로 달성하기 위한 방법의 하나로 행해지기도 한다. 이 경우에는 정책 내용과 이해관계가 있는 사람들을 참여시키거나 동원하여 원하는 방향으로 정책이 결정되도록 의원 등 입법 관계자들에게 영향력을 행사한다. 가령, 특정 선거구의 지역 주민들은 그 선거구의 의원에게 영향력을 가할 수 있는 매우 유용한 수단이다. 계속적인 당선을 통해 정치적 입지를 쌓아가기를 원하는 의원들은 지역 주민들의 요구에 우호적으로 반응해야 한다는 사실을 잘 알고 있기 때문이다. 풀뿌리 로비는 이제 입법부에 대한 영향력 행사에 도움을 주는 정도의 활동이 아니라, 긍정적인 입법 내용을 이끌어내기 위한 필수적인 활동이 되었다.[18]

공공 정책 결정 과정에 이해관계를 가지는 조직들은 대부분 풀뿌리 로비의 능력을 기본적으로 가지고 있다. 따라서 풀뿌리 로비를 더욱 효과적으로 수행하기 위해서는 조직화의 정도가 매우 중요하다. 상대적으로 규모가 작더라도, 잘 조직화되고, 적극적인 조직원들을 많이 보유한 조직이 더 효과적인 활동을 펼칠 수 있다. 조직화를 위해 동원되는 방법은 다양하다. 가장 기본적인 것은, 자신의 조직원이나 그 조직이 속한 협회 등의 구성원들과 소통하고 이들을 동원하는 것이다. 또 제3자third-party와 소통하고 조직하는 것도 하나의 방법이다. 특정 이슈와 관련해서, 직간접적인 영향을 받을 수 있는 단체 등을 조직화하거나 활용하는 것이다. 결국 성실하고 신념에 찬 지지층을 얼마나 많이 형성하고 있느냐가 관건이다.

---

18 2002년 미국에서 이루어진 조사에 따르면 풀뿌리 운동의 5대 활동으로 입법자에게 편지나 이메일 쓰기, 전화 걸기, 방문하기, 신문 편집인에게 편지 쓰기, 정치 집회 참여하기 등이 꼽혔다. 필 해리스, 크레이그 프레이셔 (2007), 《퍼블릭 어페어즈 핸드북─일반편》, 커뮤니케이션북스, p.166.

이를 위해서는 지속적인 노력이 필요하다. 일반적으로 제공되는 조직의 홈페이지, 정기적인 모임, 상황이 발생했을 때 이루어지는 행동 요청만으로는 충분하지 않다. 이외에도 입법 절차에 대한 교육과 정책 결정자와의 접촉 기회를 효과적으로 제공한다든지, 팀워크에 대한 인식을 형성시키는 등의 노력이 필요하다. 기존 지지자들의 역량을 강화하는 동시에, 새로운 지지자들을 확보하기 위해서다. 확보된 지지자들에게는 지속적으로 동기를 부여하고, 인식을 높이면서 목표를 제시하고, 필요할 때는 즉각 동원 가능하도록 유지하는 프로그램이 필요하다.

풀뿌리 로비는 오래전부터 활용되었다. 과거에는 한 단체가 입법 관계자들에게 영향력을 행사하기 위해 특정 지역구의 유권자들을 참여시켜 편지나 전보를 대량으로 보내는 등의 활동을 했다.[19] 그런데 이 같은 활동이 정상적인 방법을 벗어나면서 문제가 되기도 했다. 가령, 어떤 조직의 조직원들 명의로 자신도 모르는 사이에 편지나 전보가 발송되는 경우이다. 더 심한 경우는 특정 단체가 전화번호부에서 마음대로 가입자의 이름을 도용하기도 한다. 역사가 오래된 만큼이나, 이 같은 변칙적 행위도 오래전부터 행해졌다. 1935년

---

19 1919년 미국 술집반대동맹(Anti-Saloon League)은 50만 명의 메일링 리스트를 확보해서 성공적인 금주운동을 실천하는 데 좋은 영향을 미칠 수 있도록 사용했다. 브루스 빔버 (2007). 《인터넷 시대 정치권력의 변동》. 삼인. p.117.

에는 공익 사업체들이 특정 법안 반대 로비의 일환으로 가입자의 이름을 도용하여 의원들에게 수천 통의 전보를 보내 큰 문제가 되기도 했다.[20]

그러나 정보통신 기술의 발달로 풀뿌리 로비는 더욱 활발하고 꾸준하게 사용되는 전략이 될 전망이다. 풀뿌리 로비에 필수적인 정보 유통과 참여가 시간적, 공간적, 경제적 한계를 벗어나게 되었기 때문이다. 정보가 보다 풍부해지고 커뮤니케이션 비용이 감소함에 따라 제한된 자원을 가진 행위자들도 보다 쉽게 집단행동을 조직할 수 있게 되면서 조직화 수준이 낮거나 심지어 전혀 조직화되지 않은 집단들 사이에서도 집단행동이 이루어질 가능성이 높아졌다.[21]

풀뿌리 로비는 우리나라에서도 드물지 않은데, 범죄적 방법을 동원하지 않는 한 문제가 되지 않는다. 1999년 김대중 정부가 추진했던 협동조합 개혁을 위한 입법 과정에서 농업

---

20 정재영 (1987). 《로비경제학》. 매일경제신문사, pp.40~41. 이와 같이 변칙적인 방식은 그 후로도 계속되어 1980년대와 1990년대 사이에 크게 증가했다. 이 같은 행위를 '인공잔디' 캠페인(astroturf campaigns)이라고 부른다. '인공잔디'란 풀뿌리(grassroots)의 의미가 변형된 것으로 풀뿌리 민주주의가 대중의 자발적인 참여를 통해 이루어지는 것이라면, 인공잔디 캠페인은 대중의 자발적 참여를 인위적으로 만들어낸다는 의미이다. 브루스 빔버 (2007). 앞의 책, p.165.

21 그런데 미국의 경우 전국적 로비 캠페인을 검토한 결과, 대부분의 대중 참여가 자발적인 것이 아니었다는 주장도 나온다. 오히려 워싱턴 D. C.의 이익집단들과 로비 회사들이 점점 더 새롭고 세련된 기술을 이용해서 워싱턴 D. C. 밖의 여론을 형성하고 움직이게 만든다는 것이다. 매튜 A. 크렌슨, 벤저민 긴스버그 (2013). 《다운사이징 데모크라시》. 후마니타스, pp.272~273.

협동조합과 축산업협동조합이 대립하면서 치열한 풀뿌리 로비를 벌인 바 있다. 농협과 축협은 전국적 조직과 인력을 확보한 단체인데, 각각 수만 명이 참여한 대규모 집회를 여의도에서 개최했다. 국회에 압력을 가하기 위한 시위였다. 또 각 지역별 집회와 국회의원 초청 간담회를 개최했고, 중앙 조직 차원은 물론, 각 지역의 농협, 축협 조합원들에게 지역 국회의원들을 방문하도록 했다. 뿐만 아니라 연고 있는 의원들을 방문하는 프로그램도 실시했다. 이 밖에도 국회의원에게 편지 쓰기 운동, 반대 의원들에 대한 낙선운동 경고 등의 활동을 했다. 이런 활동들은 국회의원들에게 상당한 압력으로 작용해서, 소관 상임위원회였던 농림해양수산위원회 의원들이 회의에서 어려움을 토로할 정도였다. 의원들은 농협이나 축협 등의 입법 요구 활동이 너무 극심한 것에 대해 주의를 환기시켜 줄 것을 위원장에게 요구했고, 낙선운동을 경고하는 행위에 대해서는 위원장이 경고를 해야 한다고 주장하기에 이르렀다.[22]

재미 동포들도 풀뿌리 로비를 통해 효과적인 활동을 하고 있다. 특히 종군위안부 결의안 통과 과정에서 풀뿌리 운동이 빛을 발했다. 2007년 1월에 7명의 하원 의원이 위안부 결의

22 제15대 국회 제206회 임시국회(1999. 8. 2~1999. 8. 14) 농림해양수산위원회 제2차 회의(1999년 8월 6일) 속기록, pp.4~7.

안을 제출했다. 여기에 공화당 중진 의원인 뉴저지 주의 크리스토퍼 스미스Christopher Smith 의원은 뉴저지 한인세탁소협회의 요구를 받아들여 공동 발의자로 참여했다. 이후 뉴욕, 워싱턴, LA 등에서 범동포대책위원회가 발족하는 등 미 전역에서 위안부 결의안 통과를 요구하는 거대한 흐름이 만들어졌다. 한인 동포들은 3월 22일을 '위안부 결의안 로비 데이'로 정하고 미국 전역에서 워싱턴으로 모여들었다. 이들은 하원 의원 사무실을 방문해서 위안부 문제를 설명하고 결의안에 대한 공동 서명을 요구하는 활동을 펼쳤다.[23]

풀뿌리 로비와 풀꼭대기 로비

한편 풀뿌리 로비와 함께 풀꼭대기 로비grasstops lobby라는 개념도 활용된다. 이 둘의 관계는 상호 보완적이다. 기업 등이 최종 목표로 삼는 정책 결정자들과 특히 밀접한 관계에 있는 소수의 유력 인사들을 움직이는 방법이다. 그런데 풀뿌리 로비에서도 사실상 이 같은 활동이 이루어질 때가 있다. 사실, 많은 대중을 동원하는 활동은 비용이 많이 들고 예측이 어려운 면도 있다. 또 무차별적인 캠페인은 반대 세력에게 동원

---

[23] 이 같은 노력의 결과로 위안부 결의안은 2007년 7월 30일 미국 연방 하원에서 통과되었다. 이 과정에서의 여러 활동과 관련해서는 한용걸 (2011), 《K스트리트》, 서해문집, pp.60~109를 참조.

의 빌미를 제공할 수도 있다. 따라서 자신들을 지지해줄 뿐만 아니라 행동에 나설 가능성이 높은 지지자들을 정확히 겨냥해야 할 때가 있다. 정치에 능동적이고 정치 지식을 많이 가진 시민들에게 집중하는 방식이다. 이처럼 초점이 맞춰진 전략은 정책 결정자들과 관계가 깊은 소수 유력 인사들을 움직이기 위해 사용된다는 점에서 풀꼭대기 로비와 크게 다르지 않다.

그런데 인터넷과 정보, 커뮤니케이션 체제와 기술의 발달은 풀뿌리 운동에 또 다른 변화를 가져왔다. 회원 가입, 교육, 동원이 신속하고 광범위하게 이루어지는 것은 물론, 새로운 풀뿌리 운동의 형태가 나타나게 되었다. 가령, 노련한 운동가나 지도자 없이도 수많은 사람들이 시위에 참여한다든지, 지역 시위를 관리하는 중앙 통합본부가 없음에도 불구하고 시위 참석자들이 동시다발적으로 동원되는 모습이 나타나는 것이다.

미국에서 9. 11 테러 이후에 일어난 이라크 반전시위가 좋은 사례다. 《뉴욕타임스》의 제니퍼 리Jennifer Lee 기자는, 이라크 반전시위의 지도부 없는 구조headless structure에 대해 '혼합통치heterarchies'라는 단어를 사용했다. 이는 사회 이론가들이 분산된 사회 네트워크를 설명하고자 할 때 사용하는 용어다. 22세의 운동가 일라이 패리저Eli Pariser가 쓴 한 통의 이메일로부터 시작된 이 3개월간의 운동은 베트남 반전운동을 위해

운동가들이 3년 동안 준비한 것과 똑같은 것이었다고 한다.

2001년 9월 12일 패리저는 친구들에게 이메일을 보내, 지역구 의원이나 개인적 관계가 있는 의원에게 연락하여 전날의 테러 공격에 대한 대응 자제를 요청하도록 부탁했다. 그는 9월 18일에 데이비드 피커링David Pickering이라는 사람과 함께 웹사이트를 개설했고, 180개국의 12만 명이 넘는 사람들이 온라인 탄원서에 서명했다. 캠페인이 절정에 달한 10월 9일, 두 사람은 몇몇 세계 지도자들에게 탄원서를 제출했는데, 이 탄원서에는 50만 명이 넘는 사람들이 온라인 서명을 했다. 이 캠페인의 성공은 인터넷 웹사이트와 이메일의 힘을 보여주었다. 동시에 중앙집권적 상의하달식 형태를 보이던 과거의 풀뿌리 운동이, 탈중앙집권적 조직의 형태로 현실화될 수 있음을 보여주었다.[24]

유형은 약간 다르지만, 기업이 자신들의 입장을 지역 유권자라는 구성원에게 전달할 때 종업원이라는 또 다른 구성원을 활용하는 것이 유용한 전략임을 보여주는 사례가 있다. 쉘Shell과 미디어원MediaOne의 경우가 그렇다.

---

24 필 해리스, 크레이그 프레이서 (2007), 《퍼블릭 어페어즈 핸드북—실행편》. 커뮤니케이션북스, pp.114~115.

쉘과 미디어원 사례[25]

석유회사 쉘은 루이지애나 주의 한 지역에 있는 회사 시설을 확장하려 했으나, 주민 투표를 통해 이에 동의해주어야 할 주민들은 이 계획을 원하지 않았다. 쉘은 지역 유권자들에게 영향을 미칠 수 있는 가장 좋은 방법은 비관리직에 있는 종업원들을 활용하는 것이라고 판단했다. 주민 600명을 대상으로 조사한 결과, 이들에 대한 신뢰감이 매우 높았기 때문이다. 쉘은 우선, 종업원들이 매우 중요하다고 생각하는 회사의 지역사회 서비스를 상세히 소개하고, 이를 지역 주민들에게 전달하게 하는 프로그램을 시행했다.

케이블 회사인 미디어원도, 회사를 인수하려고 한 AT&T에 영업권을 양도하는 데 동의를 구하기 위해 종업원들에게 접근했다. 매사추세츠 주의 지역사회에서는 영업권 양도를 주민 투표에 붙이려면 모든 지역사회가 각각 청문회를 개최해야 했고 이는 회사가 해결해야 할 과제 중 가장 어려운 부분이었다. 미디어원의 법무 부서와 홍보 부서는 종업원들이 개별 지역사회의 핵심 관리들이 회사 제의에 동의하도록 설득하는 활동을 지원했다. 각 지역사회마다 그 지역에 사는 종업원들이 이 노력에 동참했다. 요소요소에 편지를 보내고, 그 지역에서 개최되는 청문회에 참석했다. 이 캠페인은 투표가 실시된 매사추세츠 주 115개 지역사회에서 98퍼센트의 동의를 얻을 정도로 대단한 성공을 거두었다. 미디어원의 대변인은 "종업원들은, 이러한 양도가 어떻게 고객들뿐만 아니라 지역사회 전체에도 좋은 일인지를 구체적으로 제시할 수 있었다"고 설명했다.

종업원 활용이 이처럼 효과를 거둘 수 있었던 것은 두 그룹의 구성원이 중복되었기 때문이다. 즉, 쉘과 미디어원에서 지명된 종업원들은 각 회사가 표를 얻고자 했던 지역사회의 주민이기도 했다. 오랫동안

---

25 폴 아르젠티, 재니스 포먼 (2006), 《기업 홍보의 힘》, 커뮤니케이션북스, pp. 282~283.

쌓아온 신뢰 관계가 이웃을 설득하는 데 큰 역할을 한 것이다. 정부에 관심을 기울이는 것만큼이나, 어떤 때는 투표자가 되고 어떤 때는 고객, 종업원, 공급자 또는 유통업자가 되기도 하는 대중과의 접촉이 중요하다는 사실을 보여준 사례다.

정치 활동
후원

지지 후보를 후원하는 정치자금 기부

정치 활동 후원이란, 주로 정치자금 기부를 통한 후원을 의미한다. 일반적으로는 후원회를 만들고, 기부금을 모아서 지지하는 후보나 의원을 위해 사용한다. 가장 이상적인 것은 조직과 입장이 같은 입법 신념을 갖고 조직에 유리한 공공정책을 촉진하는 후보를 후원하는 것이다. 그러나 현실에서는 많은 조직들이 후보나 선출된 공직자들과 접촉하기 위한 수단으로 후원을 선택한다. 이 때문에 대중들은 정치 활동 후원을 부정적으로 보기도 한다.

효과적인 후원은 조직과 입장을 같이하는 후보를 당선시키고 재임 중에도 일관된 입장을 유지하게 하는 것이다. 후원을 통해 이 목적을 달성하고 나면, 로비와 풀뿌리 로비 같은 다른 활동도 훨씬 수월하게 수행할 수 있다. 조직과 입장을 같이하는 입법자들을 대상으로 하는 활동이, 그렇지 않은 입법자를 대상으로 하는 활동보다 시간과 노력이 훨씬 덜 들기 때문이다.

성공적인 후원을 위해서는 지속적으로 새로운 기부자를 확보하는 것이 중요하다. 이를 위해서는 임시방편적인 후원을 지양해야 한다. 이 같은 후원은 후원자들에게 후원을 부정적으로 인식하게 할 수 있기 때문이다. 그리고 새로운 기부자와 후원금을 지속적으로 확보하기 위한 다양한 프로그램이 필요하다. 이는 풀뿌리 로비를 위한 프로그램과 독립적으로 진행될 수 있다. 가령, 후원 대상이 누구인지 알리고, 그에 대한 정보를 제공하고, 적극적 지지를 표명하고 지원할 수 있도록 하는 것이다. 이를 위해서는 공식적이고 명백한 기준이 있어야 한다.

이스라엘 로비로 유명한 AIPAC은 정치자금도 막강하다. 물론 AIPAC 자체는 정치활동위원회PAC, Political Action Committee가 아니므로 공개적으로 후보자를 지지하거나 선거자금을 직접 전달하지 않는다. 하지만 자신들에게 우호적이고 가능성 있는 정치인을 선정하여 후원자를 연결해주는 등의 역할을 한다. 게다가 AIPAC의 주요 멤버들은 개인적으로 거액 정치헌금 기부자이기도 하다. AIPAC은 매년 열리는 총회에서 하원의원 435명 전원을 이스라엘에 대한 기여도를 기준으로 평가하여 1등에서 435등까지 공개적으로 발표하는 등 전국적으로 조성된 친이스라엘 PAC에게 정보를 제공한다. 정치자금을 추적, 집계하는 책임정치센터CRP, Center for Responsive Politics에 따르면 친이스라엘 PAC은 36개에 달한다.

《포린 폴리시》의 자료에 따르면, 1990년에서 2010년 사이 유대인 단체가 기부한 정치 후원금 총액은 8,400만 달러(863억 원)에 달했다. 가장 많은 후원금을 기부한 지역은 캘리포니아 주, 뉴욕 주, 일리노이 주인데, 이 세 곳은 대선에서 대의원 수가 많은 핵심 지역이다. 또 2007년에서 2012년 사이 연방 의원 5명 중 3명이 AIPAC으로부터 정치자금을 받았다. CRP에 따르면 AIPAC은 2013년 297만 7,744달러를 정치자금으로 뿌렸다. 미국연방선거위원회FCC, The Federal Election Commission에 따르면 1997년에서 2001년 사이에 AIPAC 이사회 멤버 46명이 300만 달러가 넘는 선거자금을 기부했으며, 《워싱턴포스트》는 2004년 기사에서 2000년 이후 AIPAC 이사회 멤버 개개인이 선거기간 중 PAC을 대상으로 평균 7만 2,000달러를 기부했다고 밝혔다.[26]

'대가성' 논란에서 자유롭지 않은 한국의 정치자금법

후원을 위한 제도와 환경도 나라마다 차이가 있다. 한국과

---

26 "오바마 목덜미 잡고 흔드는 유대인 파워" (2014. 7. 27). 《시사저널》. 1293호.

미국은 공히 개인의 정치자금 기부는 허용하지만, 법인 또는 단체가 직접 정치자금을 기부하는 것은 금지하고 있다. 한국의 정치자금법은 법인 또는 단체와 '관련된' 자금으로도 정치자금을 기부할 수 없도록 추가 규정을 두고 있다.[27] 하지만 미국에서는 회사나 노동조합에서 분리된 기금을 만드는 것이 가능하다. 이른바 PAC이 그것이다. 따라서 미국에서는 법인이나 단체가 정치자금을 기부하는 대신, 법인이나 단체의 구성원들이 PAC을 만들어서 정치자금을 모아 기부한다.[28] 사실상 법인이나 단체가 정치자금을 후원하는 것과 별반 차이가 없는 것이다. 어찌 보면 '눈 가리고 아웅'하는 격이라고도 할 수 있다. 그리고 모금과 기부에 대한 규제가 한국에 비해 약하다. 모금 과정에 불법성이 없는 이상 모금액을 제한하지 않는다. 기부액에 대한 제한은 있었으나 기부의 경로가 다양해서 상당한 금액을 제공할 수 있었는데, 그마저도 연방 대법원이 2014년에 위헌으로 판결함으로써 사라졌다.[29]

---

27 정치자금법 제31조(기부의 제한) ①항과 ②항.

28 미국은 정치자금 문제의 해법을 다양한 제도적 장치를 통해 모색해왔다. 1907년 틸먼트법(Tilmant Act), 1925년 연방부정지출방지법(Federal Corrupt Practices Act)을 제정하여 기업의 정치헌금을 금지했고, 노동조합에 대해서는 1943년 스미스-코넬리법(Smith-Connally Act)과 1947년 태프트-하틀리법(Taft-Hartley Act)을 통해 각각 정치헌금을 규제했다. 그러나 1971년 연방선거운동법(FCC, Federal Election Campaign Act)을 제정하여 기업의 정치헌금은 규제하면서 기업 내의 정치활동위원회를 통한 정치자금 제공은 가능하게 만들었다. 정재영, 윤홍근 (2006), 《유비쿼터스 시대, 기업의 로비전략》, 성균관대학교출판부, p.32; 조승민 (2005), 《로비의 제도화》, 삼성경제연구소, pp.126~127.

미국의 로비스트는 풀뿌리 로비 조직화뿐만 아니라 정치자금 조성과 기부에도 관여한다. 선거 때가 되면 로비회사 직원이 후보 사무실로 파견을 나가 선거자금 모금 전략을 짜고 모금행사를 개최한다. 정치자금 모금 능력이 로비스트의 역량을 평가하는 척도가 되기도 한다.

한국에서는 기업과 단체의 정치자금 기부는 불법이며, 개인 기부만 가능하다. 모금액과 기부금액에 대한 제한도 엄격해서 개인당 1년에 최대 2,000만 원까지 기부가 가능하고, 의원 1인에게 최대 500만 원까지만 기부할 수 있다.[30] 때로는 이 같은 제한을 피하기 위해 편법이 동원되기도 한다. 가령, 어떤 법인이나 단체의 회원들이 개인적 지원의 형식으로 특정 국회의원에게 집중적으로 기부하는 방식이 대표적이다. 하지만 이런 편법 역시 위법으로 처벌받을 수 있다.

이런 제도적 차이는 정치자금 기부에 대한 인식의 차이, 즉 정치자금 기부를 정치적 표현의 한 방법으로 보는 시각과,

---

29 미국 연방 대법원은 2014년 4월 2일 한 개인이 기부하는 정치 후원금의 총액을 제한한 연방 선거법 조항에 대해 위헌 5명, 합헌 4명으로 위헌 판결을 내렸다. 미국은 1970년 리처드 닉슨 행정부 당시 워터게이트 스캔들을 계기로 고액 기부자들의 매표 행위를 막기 위해 정치 후원금 한도를 제한해왔다. 따라서 지금까지 한 개인이 기부할 수 있는 정치 후원금 총액은 2년을 기준으로 정치인 당사자에게 4만 8,600달러, 정당 및 정치단체에 7만 4,600달러로 총 12만 3,200달러(약 1억 3,000만 원)의 제한선이 적용됐다. 그러나 이 판결로 이러한 개인의 정치 후원금 제한이 전면적으로 풀린 것이다. "미, 선거자금 기부 총액제한 폐지" (2014. 4. 3), 《문화일보》.

30 모금과 기부 한도와 관련해서는 정치자금법 제11조(후원인의 기부한도 등), 제12조(후원회의 모금·기부한도), 제13조(연간 모금·기부한도액에 관한 특례)를 참조.

정치자금을 기본적으로 부정적으로 보는 시각의 차이를 반영한다 하겠다. 사례를 보면 그 차이가 극명하게 드러난다.

의회 종군위안부 결의안 통과 과정에서 있었던 재미 동포들의 정치자금 기부 사례를 보자. 결의안이 하원을 통과하기 위해서는 먼저 하원 외교위원회를 통과해야 했는데, 당시 외교위원회 위원장은 톰 랜토스Tom Lantos 의원이었다. 그런데 랜토스 위원장은 정치자금 모금을 위해 2007년 6월 16일에 LA 공항을 경유해서 라스베이거스에 갈 예정이었다. 결의안을 둘러싼 찬반 활동이 활발하게 진행되던 시기였다. 랜토스 위원장의 일정을 알게 된 재미 동포들은 LA 한인타운에서 랜토스 위원장을 위한 긴급 후원행사를 개최하여 3만 7,000달러를 모금했다. 감격한 랜토스 위원장은 이 자리에서 종군위안부 결의안은 정당한 것이라며 곧 통과시키겠다고 말했다. 6월 26일 하원 외교위원회 표결에서 결의안은 39대 2로 통과되었다. 재미 동포들은 종군위안부 결의안 관련 청문회 개최에 앞장섰던 에니 팔레오마베가Eni Faleomavaega 의원과 결의안 대표 발의자인 마이크 혼다Mike Honda 의원에게도 각각 1만 달러씩을 모금해주었다.[31]

우리나라의 경우라면 이 같은 정치자금 후원은 '대가성' 문

---

31 한인 동포들의 혼다 의원에 대한 정치자금 후원은 2014년 2월에도 지속되었다. "혼다 의원 재선 돕기 운동, 동포 많은 미 동부로 확산"(2014. 2. 17), 《한겨레신문》.

제 등으로 형사 처벌을 받을 수도 있다. 가령, 2014년에 검찰은 국회의원의 금품 수수에 대한 수사를 하면서 '정치인 출판기념회 책값'도 수사 대상에 올렸다. 일부 국회의원들이 출판기념회를 통해 책값을 명목으로 단체들로부터 자금을 받았는데, 이를 이익단체들이 유리한 입법을 위한 청탁과 함께 제공한 불법 정치자금이라고 본 것이다. 그동안 출판기념회 책값은 불법 정치자금 판단의 사각지대에 있었던 만큼 수사와 재판 과정에서 논란이 불가피할 것으로 보인다. 이를 보여주는 대표적인 사례가 '청목회 사건'이다.

청목회(전국청원경찰친목협의회) 사건[32]

이 사건은 청목회가 청원경찰 처우 개선 입법을 목적으로 여야 국회의원 38명에게 3억여 원을 후원한 사건이다. 수사와 법원 판결 과정에서 불법 정치자금 범위에 대해 많은 논란을 불러오면서 정치자금 사건의 대명사가 되었다.

청목회는 공공 기관에 근무하는 청원경찰들의 친목단체인데, 이들의 숙원사업은 경찰과 같이 승급제를 도입하고 정년 연장을 보장하는 내용의 청원경찰법 개정안을 통과시키는 것이었다. 2003년 결성된 이후 청목회는 지속적으로 이 법안을 추진했는데, 2008년부터는 입법 활동을 위해 회원 1인당 10만 원씩의 특별회비 모금을 추진해 1년여 동안

---

32 "[클릭 이 판결] 청목회 입법로비사건" (2014. 8. 25). 《서울경제신문》 등 관련 기사, 정치자금법 등 참조.

약 6억 5,000만 원을 모았다. 2008년 말부터는 여야 의원들과 접촉하여 2009년 4월경 법안 발의를 이끌어냈다. 이 과정에서 청목회 간부들은 담당 상임위원회인 행정안전위원회 소속 의원들에게 회원과 회원 가족, 친지 명의를 이용하여 '쪼개기 후원'을 했다. 의원들에게 기부된 돈은 500만~3,000만 원 정도로 38명에게 총 3억 830만 원이 기부되었다. 청원경찰법 개정안은 2009년 12월 29일 국회 본회의를 통과했다. 그런데 검찰이 청목회 자금이 정치권에 제공된 정황을 포착하고, 다음 해인 2010년 10월 본격적인 수사에 착수했다. 후원금을 받은 의원 38명 중 1,000만 원 이상을 받은 의원 11명에 대해 압수수색이 진행됐고, 검찰은 국회의원 6명과 청목회 간부 3명을 재판에 넘겼다.

법원에서는 주로 '쪼개기 후원금'의 불법 여부를 두고 논쟁이 벌어졌다. 검찰이 적용한 법 조항은 정치자금법 31조 2항(누구든지 국내외의 법인 또는 단체와 관련된 자금으로 정치자금을 기부할 수 없다)이었다. 현행 정치자금법은 법인, 단체의 자금뿐만 아니라 '관련 자금'도 국회의원에게 기부하는 것을 금지하고 있다. 검찰은 쪼개기 후원금이 청목회의 단체 금품을 회원 개인이 나눠서 낸 것에 불과하므로 법 위반이라고 판단했다. 반면 피고인들은 문제가 된 특별회비가 애초에 회원 개인들이 모은 돈을 전달한 것이므로 단체 금품이 아니라고 항변했다. 법원은 검찰의 손을 들어줬다. 단체 금품이 명백하므로 의원들에게 후원한 행위는 정치자금법 31조 2항 위반이며, 국회의원들에게 정치자금을 제공하고 입법을 청탁한 것은 '공무원이 담당·처리하는 사무에 관해 청탁 또는 알선하는 일'로 규정한 32조 3항 위반으로 보았다. 이런 판단은 상급심까지 일관되게 이어졌고, 대법원은 2013년 10월 청목회 간부 3명에게 징역 10월에 집행유예 2년의 유죄 판결을 내렸다. 국회의원 6명도 서울지방법원과 서울고등법원에서 벌금형과 선고 유예 등 유죄 판결을 받았다.

이 사건은 다양한 측면에서 사회적 파장을 일으켰다. 이 사건을 기점으로 국회의원 후원금이 급격히 줄어들었다. 이전에도 쪼개기 후원금 로비를 처벌한 사례가 있었지만, 청목회 사건은 연루자가 많아 특히 파장이 컸다. 그리고 이 사건을 계기로 출판기념회를 통한 정치자금 수수가 확대되었다. 출판기념회 책값은 선관위에 신고할 필요도 없고 정치자금 한도 등 법의 규제를 받지 않기 때문에 규제가 깐깐해진 후원금보다 선호하는 추세가 강해진 것이다.

또 '어디까지를 불법 정치자금으로 봐야 할 것인가'에 대한 논란이 본격화되었다. 이 사건으로 유죄 판결을 받은 최규식 전 의원은 "정치자금법의 '단체 관련 자금 기부 금지' 조항과 '공무원 사무 청탁 관련 기부 금지' 조항은 개념이 불명확하고 과잉 금지 소지가 있어서 위헌"이라며 헌법소원을 냈다. 헌법재판소는 2014년 4월 두 조항 모두 합헌이라고 결정했지만 전자는 재판관 9명 중 3명이, 후자는 2명이 위헌 판단을 내리는 등 의견이 엇갈렸다. 특히 청탁 관련 기부 금지 조항에 대한 위헌 의견은 주목할 만하다. 김이수, 강일원 재판관은 "국회의원의 정치자금 수수는 입법 활동과 불가분의 관계를 가질 수밖에 없는데도 청탁 관련 기부 금지 조항은 어떠한 경우에 국회의원에 대한 정치자금 기부가 금지되는지를 판단할 만한 아무런 기준을 제시하지 않고 있어 명확성 원칙에 위배된다"고 위헌 의견을 냈다. 국회의원의 가장 중요한 업무는 입법이다. 따라서 국회의원에게 기부금을 제공하는 입장에서는 정상적인 후원금이라도 자신들의 불만을 해소할 입법을 염두에 두고 금품을 제공한다고 보는 것이 보다 현실적이라는 주장이 나오는 것이다.

04

선거 참여

조직의 이해에 부합하는 후보자 당선이 목적

유권자들의 투표율이 갈수록 낮아지자 조직들은 자신의 이익과 명분에 동의하는 유권자들이 보다 적극적으로 투표에 참여하도록 유도할 필요를 느끼게 되었다. 조직의 이해에 부합하는 후보자를 당선시키기 위해서다.

유권자들을 동원하는 방법은 다양하다. TV 광고, 신문 광고 등은 선거에서 가장 전형적으로 사용되는 방법이다. 여기에 풀뿌리 네트워크 구축과 같은 보다 직접적인 접촉방법도 모색된다. 정보통신의 발달로 이 같은 접촉은 보다 용이하면서도 효과적인 수단으로 활용되고 있다. 전화 접촉, 이메일 발송 등이 대표적이다. 전화의 경우 통화는 물론 문자, 동영상 발송까지 가능해지면서 더욱 효과적인 수단으로 자리 잡았다. 특히 스마트폰의 일반화로 유권자들은 그들에게 전달된 메시지들을 즉각 확인할 수 있게 되었다. 과거 TV나 컴퓨터에서 확인할 수 있었던 내용들을 언제 어디서나 빠르게 확인할 수 있게 된 것이다.

미국노동총연맹산업별노동조합회의AFL-CIO는 미국 최대의 이익단체 중 하나로, 민주당의 주요 지지 기반이기도 하다. 그런데 1980년 대선에서 공화당의 로널드 레이건Ronald Reagan 이 당선되면서 노사의 정치 갈등이 심화되었다. 레이건 정부하에서, 전국노동관계위원회의 조정에 따라 노사가 협상을 유지했던 과거의 방식이 통하지 않게 되었기 때문이다. 곤경에 처한 AFL-CIO는, 노조원들을 정치적으로 통합하고 1984년 민주당 대통령 후보 지명에서 이전의 영향력을 회복하기 위해 특단의 결정을 내렸다. 즉, 노조원들의 정치적 지지가 여러 후보에게 분산되는 것을 막기 위해, 대통령 선거에서 지지할 민주당 후보를 조기에 결정하기로 한 것이다. AFL-CIO는 첫 예비 선거가 치러지기 5개월쯤 전에 민주당 대통령 후보로 월터 먼데일Walter Mondale을 승인했고, 먼데일은 민주당 대통령 후보로 지명되었다(그러나 대통령 선거에서 레이건에게 패했다).[33]

---

33 매튜 A. 크렌슨, 벤저민 긴스버그 (2013). 《다운사이징 데모크라시》. 후마니타스, pp.243~245.

미국 비자 면제 프로그램 가입 활동 과정에서도 선거 참여 운동이 전개되었다. 2006년 11월의 중간 선거를 앞두고, 당시 김동석 소장이 이끄는 뉴욕뉴저지한인유권자센터는 동포들에게 유권자 등록을 하고 투표에 참여할 것을 권유했다. 그동안 한인 동포들의 투표율은 30퍼센트 정도로 저조해서 미국 정치인들은 한인들의 목소리를 귀담아듣지 않았다. 표와 돈에 가장 영향을 받는 정치인들로서는 당연한 일이었다. 따라서 동포들에게 투표를 독려하는 한편, 한국계 유권자가 많은 곳에서는 한국계 표심이 중요하다는 점을 후보들에게 부각시켰다. 현재 한인유권자센터KAVC, Korean American Voter's Council의 후신인 시민참여센터KACE, Korean American Civic Empowerment 상임이사로 활동하는 김동석 소장은 항상 투표 참여를 강조한다. 다인종 사회인 미국에서는 정치 참여를 통해 인정을 받아야 하는데, 정치 참여의 핵심이 바로 투표 참여라는 것이다. 그의 목표는 한인 유권자의 80퍼센트를 등록시키고 등록 유권자의 80퍼센트가 투표하는 것이라고 한다.[34]

한국에서는 한국노총이 2007년 17대 대통령 선거를 앞두고 조합원 총투표를 통해 당시 이명박 한나라당 후보를 정책연대 후보로 공개 지지한 사례가 있다. 2008년 총선에서도

---

34 "위안부 문제는 민족감정 아닌 인권·평화 관점서 봐야 [세계초대석] 재미 한인 유권자단체 KACE 김동석 상임이사" (2014. 10. 8). 《세계일보》.

한나라당을 지지했다. 그런데 2011년 12월에는 통합민주당 창당에 참여하면서 2012년 총선과 대선에서는 민주당 후보를 지지하기도 했다.

2000년 16대 총선에서 참여연대가 주축이 된 총선시민연대가 낙천·낙선운동을 벌인 사례도 있다. 이 운동은 온라인 선거운동도 본격적으로 전개했는데, 총선시민연대가 검증한 낙선 대상 후보자의 이름이 게시된 사이트에는 3개월 동안 91만 명이 방문했으며, 1만 5,000건의 글이 게시되었고, 선거 당일에는 110만 명 이상이 접속하는 등 열띤 호응을 일으켰다. 그 결과, 총선시민연대에 의해 낙선 대상자로 분류된 86명의 후보 가운데 56명이 낙선하여 68퍼센트의 낙선율을 기록했다.[35]

35 조희정 (2013). 《민주주의의 기술－미국의 온라인 선거운동》. 한국학술정보. p.339.

05

이미지·이슈
광고(홍보)

긍정적인 이미지는 기업의 중요한 무형자산

이미지·이슈 광고의 목적은 기업과 단체에 이익이 되는 이슈를 전반적으로 홍보하는 것이다. 이미지 광고와 이슈 광고의 차이는 뚜렷하다. 이미지 광고는 해당 기업이나 단체에 대한 대중의 이미지 형성에 직접적으로 영향을 미치기 위해 만들어진다. 이슈 광고는 논란의 여지가 있는 이슈에 대한 기업이나 단체의 입장을 대중들과 공유하기 위해 제작된다.

기업의 이미지·이슈 광고는 특정 상품의 판매 촉진을 목적으로 하는 제품 광고나 서비스 광고와는 차이를 보인다. 하지만 이를 명확하게 구분하기 어려운 경우도 있다. 또 기업의 자원 배분이라는 측면에서 보면, 제품 광고와 서비스 광고에 사용되는 자원이 이미지 광고나 이슈 광고에 사용되는 자원보다 훨씬 많다고 한다. 이미지 광고나 이슈 광고는 기업에 대한 대중의 부정적 이미지를 희석시키거나 극복하는 역할을 할 수 있다는 점에서 중요한 수단으로 인식되고 있다. 기업의 사회적 역할이 강조되는 요즘 같은 상황에서는 그 중요성이 더욱 강조되는 추세다. 과거에는 대부분 기업들의 장부 가치가 공장과 시설, 그리고 예금과 같은 물리적 자산으로 구성되어 있었다. 그러나 21세기에 접어든 오늘날에는 일반적인 기업의 시가총액에서 물리적 자산이 차지하는 비중은 3분의 1 정도밖에 되지 않으며, 나머지는 기업 브랜드 가치, 특허, 노하우와 같은 무형자산이 차지하는 것으로 나타났다.[36] 이 같은 변화로 기업의 이미지가 점점 더 중요해지자 기업들 역시 홍보에 엄청난 투자를 하고 있다.

이미지·이슈 광고는 기업과 단체의 주요 활동과 관련이 있을 수도 있고 그렇지 않을 수도 있다. 보통은 기업의 비즈니스나 단체 활동과 관련된 이미지를 통해 긍정적 반응을 이끌어내는 것이 목적이므로 기업이나 단체의 활동보다는, 기업의 선행이나 사회적 기여와 관련된 내용을 담는다. 이슈 광고 역시 직접적인 이슈를 다룰 수도 있고, 그렇지 않은 이슈를 선택할 수도 있다.

---

36 로버트 라이시 (2008). 《슈퍼자본주의》. 김영사, p.255.

각 기업의 홍보 사례

디즈니의 자선 활동인, 초등학교 교육의 증진을 위한 '러닝 파트너십Learning Partnership'은 부모와 학생이라는 가장 중요한 두 구성원 집단을 타깃으로 하는 동시에, 특정한 사회적 요구를 회사가 주도적으로 지원하고 있음을 보여준다. 또 삼림 업계의 선두 주자인 웨어하우저Weyerhaeuser는 특별히 워싱턴을 타깃으로 한 광고를 개발했다. 수채화로 그려진 꿈속 같은 삼림에서 배우가 부드러운 목소리로 생태 보존에 대한 회사의 장기 계획을 말해준다. 이런 광고를 통해 삼림 정책을 입안하는 정치인들에게 영향을 미치고 싶었던 것이다.[37]

회사의 비즈니스와 관계없는 듯 보이는 내용일수록 광고가 더 효과를 발휘할 수도 있다. 스타벅스는 아동 독서 프로그램을 지원하는 회사 방침을 전면 광고로 홍보했다. 독서와 커피는 별 상관이 없다고 볼 수도 있지만, 기업이 추구하는 가치에 따라 사회적 기여를 실천하면서 세상과 긍정적으로 소통하는 이미지를 만드는 데는 더 효과적이었다. 형태는 약간 다르지만 기업의 이미지 제고를 위해 언론을 활용한 사례도 있다. 마이크로소프트가 반독점 관련 소송에서 법원에 패소한 지 이틀 후, 클린턴 당시 미국 대통령이 빌 게이츠 마이크로소프트 회장의 어깨를 팔로 감싸면서 그의 기부를 칭찬

---

37 폴 아르젠티, 재니스 포먼 (2006), 《기업 홍보의 힘》, 커뮤니케이션북스, pp. 189~190.

하는 사진이 언론에 실렸다. 패소 판결로 형성될 수도 있는 부정적 이미지를 희석시키는 효과와 반독점 당국에 대한 무언의 시위 효과를 노렸음직하다.[38]

너무나 이례적인 기업인 까닭에 많은 이들로부터 공격받는 월마트는 유형이 다른 홍보전의 사례를 보여준다. 월마트를 공격하는 사람들이 반反월마트 연합체인 '월마트 감시 Walmart Watch'를 결성했다. 그들은 월마트에 대한 공격이 "하나의 사업 모델에 대한 공격"이며, 월마트에 집중하는 이유는 월마트가 전국의 거의 모든 분야에 영향을 미치기 때문이라고 주장했다. 또 월마트가 많은 상품을 가장 낮은 가격에 제공한다는 점은 인정하지만, 그것이 때로는 사회에 높은 비용을 초래한다고 지적했다. 그들은 "월마트가 돈을 책임감 있게 벌도록 만드는 것"이 목표이며 "월마트의 문을 닫게 하려는 것은 아니다"라고 주장했다.

이들은 신문과 방송 광고, 비디오, 책, 웹사이트는 물론 영화까지 제작했다. 또 자동화된 전화 시스템을 이용해서 월마트의 본거지인 아칸소 주 주민 수만 명에게 월마트에 불리한 정보를 알고 있으면 알려달라고 요청했다. 그리고 웹사이트에는 월마트 매장이 자기 공동체 근처에 들어오는 것을 원치 않는 사람들에게 그 방법을 알려주는 가이드라인이 소개되

---

38 로버트 라이시 (2008). 《슈퍼자본주의》. 김영사, p.209, p.255.

었다. 뿐만 아니라, 미국에서 가장 큰 교원노조는 월마트 불매
운동을 벌이면서, 부모들과 학생들에게 월마트에서 신학기 교
재를 구입하지 말라고 촉구했다.

이에 대해 월마트는 자신들이 근로자를 보호하고, 환경을
의식하며, 사회적 책임감을 가진 회사임을 알리기 위해 수
백만 달러를 사용했다. 흑인, 히스패닉 그리고 여성 근로자
들이 자신들의 복지 혜택과 경력 기회를 자랑하는 내용의 광
고를 방영했다. 또한 히스패닉, 아시아계 고객들을 대상으
로 그들의 언어로 제작한 광고를 내보냈다. 100개 이상의 주
요 신문에 전면 광고를 실었고, 일부 고급 미디어에도 대형
광고를 실어 비판자들이 월마트의 이미지를 왜곡하고 있다
고 항변했다. 월마트는 아침 7시에 모임을 갖고 회사를 언급
하는 뉴스 등을 점검해서, 비판적 내용이 있으면 즉시 기자
들에게 전화를 걸고 반박 보도자료를 보냈다. 반월마트 진영
의 영화에 대응하는 영화도 만들었다. 웹 활동은 말할 것도
없었다. 이들은 '월마트를 위해 일하는 가족들'이라는 단체도
조직하고 후원했다.[39]

우호적인 여론 확산에도 효과적

이미지·이슈 광고는 한국에서도 쉽게 접할 수 있다. TV 속

---

39 로버트 라이시 (2008). 앞의 책, pp.267~270.

의 대기업 이미지 광고는 기업들의 국내외 공헌 활동을 소개하거나, 공익광고 형식을 빌려 기업 이미지를 높이는 효과를 노리는 것으로 보인다. 신문에서는 입법이나 정부 정책과 관련한 이익집단들의 주장이나, 대립하는 이익집단을 공격하는 형태의 광고도 적지 않게 볼 수 있다.

이미지·이슈 광고 수준의 홍보를 넘어, 우호적 여론 형성을 위한 활동이 전개되는 경우도 있다. 언론종사자들과 평소에 원만한 관계를 유지하는 것은 기본이고, 홍보 담당자나 홍보대행사를 통해 보도자료를 배포하거나 현장 방문의 기회를 제공하기도 한다. 이를 통해 언론이 우호적인 논조를 갖게 하거나 적어도 적대적인 보도 경향을 최소화하려고 노력하는 것이다.

경쟁 당사자들은 유리한 홍보를 위해 전문가들을 동원하기도 한다. 이 과정에서 많은 비용을 쓰기도 하고 그 결과 상당한 정도의 왜곡으로 이어진다는 의혹도 제기된다. 기업이 전문가들을 동원하는 것은 여론 형성에 영향을 끼치기 위한 방편으로 주된 대상은 언론이지만, 결국 일반 대중에게도 영향을 미친다. 이때 특정 기업이 지원하는 전문가들의 연구 조사가 반드시 경쟁 대상자와 다른 결론을 도출할 필요는 없다. 때로는 기존의 사실에 의혹을 던져, '전문가의 의견 불일치'나 '열띤 토론'을 제기하고, 따라서 "모든 증거가 나타날 때까지 기다려야 한다"고 주장하는 것만으로도 충분하다. 또는 경쟁 상대의 조사나 연구 결과에 동조할 수 없다고 의문을 제시하는 수준이면 충분하다.

우호적 여론 형성을 위한 AIPAC의 활동[40]

로비와 정치자금 제공 외에 이스라엘의 주장을 널리 알리는 것도 AIPAC의 중요한 전략 중 하나다. 이스라엘에 대한 미국인의 우호적 정서를 유지하고, 이스라엘에 대한 미국의 지원을 문제 삼지 않도록 하기 위해서는 미디어의 역할이 중요하다.

유대인들은 언론에 대해서도 막강한 역할을 발휘하고 있다. 그들은 《뉴욕타임스》, 《워싱턴포스트》, 《월스트리트저널》 등의 지분을 갖고 있다. 《뉴스위크》 같은 시사 잡지나 AP, UPI 등의 통신사에 대해서도 마찬가지다. 《보그》 등 유명 잡지로 잘 알려진 유대계 미디어 재벌 '뉴하우스 그룹'은 미국 최대의 케이블 네트워크 중 하나다. CBS나 방송 미디어 그룹인 비아콤(Viacom), 월트디즈니 등도 유대인이 소유하거나 CEO로 재직 중인 곳이다.

뉴스 룸 분위기도 이스라엘에 우호적이며, 이스라엘을 비판하는 데 대해 보이지 않는 두려움을 느낀다고 할 정도다. 여기에는 실력 행사에 대한 공포도 한몫한다. 유대인 단체들이 반(反)이스라엘 매체로 낙인 찍으면 투서와 시위, 불매운동을 피할 수 없다. CNN의 한 간부는 이스라엘에 대한 비판적 기사를 내보냈다가 6,000통이 넘는 항의성 이메일을 받았다고 토로했다. 적지 않은 신문들이 중동 문제에 대한 보도 내용을 문제 삼는 구독자들로부터 보이콧을 당한 바 있다. 여기에 '미

---

40 AIPAC의 활동과 관련된 부분은 존 J. 미어샤이머 등의 《이스라엘 로비》(2010, 형설Life) 등을 참조.

국내 중동 문제 보도의 정확성을 위한 위원회(CAMERA)'라는 강력한 미디어 감시 그룹도 있다. CAMERA는 2003년 5월, 33개 도시의 미국 공영라디오방송국(NPR) 앞에 데모대를 배치하고, 보도 성향을 이스라엘에 우호적으로 바꿀 때까지 후원을 중단하라고 기부자들을 설득했다. 보스턴의 라디오 뉴스 채널인 Wbur는 보도 내용이 이스라엘에 우호적이지 않다는 이유로 100만 달러 이상의 기부금이 끊긴 적도 있다. 거대 산업이 된 영화 시장에서도 유대계의 영향력은 막강하다. 미국의 7대 영화사 중 파라마운트, MGM, 워너브러더스, 20세기폭스, 유니버설, 컬럼비아 등 6개 영화사를 유대계가 세웠다. 이스라엘과 중동의 영화 속 이미지는 이들이 만든 것이다.[41]

AIPAC은 학계의 두뇌 집단들이 행하는 이스라엘 관련 토론을 지배하는 일에도 힘을 기울인다. 이들이 여론 형성에 매우 중요하기 때문이다. 이스라엘의 긍정적인 면을 부각시키고, 이스라엘의 과거와 현재의 행동이나 미국의 지원에 대해 의문을 품는 사람들을 소외시키기 위해 노력한다. 지미 카터 전 미국 대통령도 예외가 될 수 없었다. 저서 《팔레스타인, 인종 격리주의가 아닌 평화》를 통해 미국의 친이스라엘 정책을 비난했다는 이유로 그는 많은 친이스라엘 로비단체로부터 반유대주의자, 유대인 증오자, 나치주의에 동조한 자라는 엄청난 공격을 받았다.

또한 여론 형성을 위해 이스라엘에 유리한 이론을 재생산해주는 미국기업연구소(AEI), 안보정책센터(CSP), 허드슨연구소 등의 싱크탱크가 워싱턴 주변에 포진해 있다. 이들은 홍보, 미디어 관련 부서를 통해 공적 영역에서 전문적 견해를 펼친다. 의원들과 정부 관리들이 이해하기 쉽게 메모를 배포하고, 세미나에 초대하여 아침 식사를 함께하며 이야기를 나누고, 브리핑을 하고, 자체 분석가로 하여금 특집기사와 논평을 싣게 하는 등의 활동을 한다. 그들의 이론에 사람들이 공감할 수

---

41 "오바마 목덜미 잡고 흔드는 유대인 파워" (2014. 7. 27). 《시사저널》.

있는 분위기를 만드는 것이 목적이다. 이들은 대통령 선거운동에 고문단을 보내고 직원을 파견하기도 한다. 또 권력에서 떠나는 사람들에게 자리를 제공하고 권력의 핵심부 안팎에서 담론 형성에 영향을 줄 수 있도록 발판을 마련한다.

그들은 이스라엘에 우호적인 학자를 늘리기 위해 대학교에 이스라엘 교육 프로그램을 개설하기도 한다. 학계의 반이스라엘 정서에 대처하기 위해서이며, 이를 위한 기부가 이루어진다. 다음 세대를 준비하는 프로그램도 운영하고 대학 캠퍼스에 반이스라엘 분위기가 형성되지 않도록 하는 일에도 힘을 기울인다. 300개 이상의 대학과 자매 결연을 맺어 20대 초반의 청년층과 끈끈한 유대관계를 구축하고, 대학생을 대상으로 '정치리더십개발프로그램(Political Leadership Development Program)'을 운영하여 매년 수천 명의 젊은이들이 친이스라엘 성향의 지도자로 성장할 수 있도록 지원하면서, 서로 간에 유대감을 심어주고 있다. '미래의 지도자'들을 이스라엘의 우호 세력으로 양성하려는 장기 포석인 셈이다.[42]

AIPAC은 1970년대 후반부터 젊은 이스라엘 지지자들을 훈련시켰다. 학생들을 위한 4일간의 프로그램을 워싱턴 D. C.에서 비용을 전액 부담하여 실시했고, 이 훈련을 마친 학생들이 캠퍼스로 돌아가서도 다양한 분야의 지도적 인사들과 네트워크를 조성하여 이스라엘을 지지하게 했다. 최근에는 후원금의 60퍼센트 이상을 Campus AIPAC에 사용한다고 한다. 젊은 유대계 학생들이 정치적으로 활동하고 성장할 수 있도록 교육 예산을 대폭 확대한 것이다. 그 결과 2014년 AIPAC 총회에 491개 초중고 대학 재학생 2,200명이 참석했다. 미래를 내다보고 뛰어난 유대인 소년을 후원하는 역할도 한다. 공화당의 에릭 캔터(Eric Cantor) 하원 원내대표는 16세 때 자질을 알아봤던 버지니아 AIPAC 중앙위원 후랜신 콜의 발탁으로 유력 정치인으로 성장했다. 공화당의 2인

42 송의달 (2007), 《미국을 로비하라》, 삼성경제연구소, p.47.

자가 된 그는 2014년 AIPAC 총회에서 연사로 나섰고, 이란 핵 협상과 관련해 버락 오바마 미국 대통령에게 보내는 편지를 민주당 원내총무인 스테니 호이어(Steny Hoyer)와 함께 낭독했다.[43]

43 "오직 이스라엘! 돈·조국愛로 美 주무르는 '神의 조직'" (2014. 3. 7). 《문화일보》; "정계 거물 등 1만 명 북적… 미국 움직이는 '유대인의 힘'" (2014. 3. 7). 《한겨레신문》.

06

연합 활동

동일 이슈에 대한 여러 조직들의 동맹

연합 활동coalition이 증가하는 이유는 다양하다. 자원이 많지 않은 집단이 비용을 줄이기 위해 다른 집단과 연합하는 경우도 있고, 또 특정 이슈가 여러 분야나 여러 지역과 관련되어 있는 경우도 있다. 가령, 입법 관련 이슈가 국회의 여러 상임위원회와 관련이 있을 경우, 여러 조직이 각 상임위원회를 분담할 수도 있다. 이슈가 하나의 상임위원회에만 해당할 경우에도 관련 이해단체들이 조직적으로 연합하면 보다 효과적으로 영향력을 행사할 수 있다.

지역적 연합이 필요한 경우도 있다. 한국도 지방자치가 활성화되면서, 중앙 일변도의 활동만으로는 충분하지 않게 되었다. 국가 차원의 입법이나 정책이 효과적이고 조속하게 집행되기 위해서는 지방자치단체 차원의 조례 제정과 집행이 중요할 수도 있다. 이 경우, 지역 사정에 정통하고 강력한 네트워크를 구축하고 있는 이해 당사자와 연합하면 보다 효과적인 대응이 가능하다.

조직의 입장에서는 효율적 조직 관리 차원에서 연합을 활용할 수도 있다. 평소에 퍼블릭 어페어즈 관련 부서를 지속적으로 충분히 유지하기 어려운 조직의 경우에는 최소한의 인원으로 활동하다가 필요 시에 연합 활동을 통해 목적을 달성하는 것도 효과적인 운영 방법이라 할 수 있다. 일부에서는 뭔가 활동하고 있다는 것을 내부 구성원에게 보여주기 위한 활동인 경우가 많다는 비판적 시각도 있다. 물론 그럴 수도 있겠지만, 그렇다고 하더라도 외부적인 효과는 무시할 수 없다.

사실 연합이란, 동일 이슈에 대해 이해관계를 가지고 있지만 서로 다른 관점을 가진 여러 조직들의 동맹이다. 따라서 효과적인 연합을 형성하기 위해서는 참여뿐만 아니라 분명한 리더십의 확립, 비전과 목표에 대한 인식 공유, 연합에 참여하는 조직들의 자원과 능력에 대한 파악 등이 필요하다. 그리고 구체적인 장·단기 목표 설정, 이를 달성하기 위한 실행계획의 수립과 역할 분담, 이행 그리고 평가의 과정 등을 거쳐야 한다. 이 과정에서 가장 우선적이고 중요한 것은 연합에 참여한 모든 단체들을 단결시킬 수 있는 뚜렷한 목표를 설정하는 것이다. 연합에는 상대적으로 긴 기간의 연합, 단기적인 연합, 형식적인 연합 등 여러 형태가 있을 수 있지만, 어떤 경우라도 뚜렷한 목표 설정이 가장 중요하다.

뚜렷한 목표 설정과 분명한 리더십이 관건

입법자들을 움직이기 위해서도 연합 활동은 중요하다. 가령, 의원들의 선거구에서 영향력 있는 기업이나 단체들의 협조를 받을 수 있다면 효과는 더욱 커질 것이다. 특히 추진하고자 하는 사안과 이해관계가 있는 기업이나 단체의 협조는 효과를 배가시킬 것이다. 2009년 일본의 도요타자동차가 브레이크 결함으로 미국에서 궁지에 몰렸을 때 이 방법이 사용되었다.

도요타자동차 사장은 미국 의회 청문회에 정식 출석을 요청받기에 이르렀는데, 청문회 출석 직전 《워싱턴포스트》에 글을 기고했다. 이 글에서 그는 도요타의 미국 공장에 미국인 근로자가 많다는 점을 강조하면서, 도요타가 문을 닫으면 이들이 졸지에 실업자가 될 것이라고 경고했다. 공장 폐쇄 등 최악의 상황을 표현함으로써 실업률 떨어뜨리기에 전력을 다하던 미국 정치권을 압박한 것이다. 그러자 도요타자동차 공장이 있는 4개 주의 주지사들이 백악관과 의회에 진정서를 제출하고 성명을 발표했다. 켄터키 주, 인디애나 주, 미시시피 주, 앨라배마 주 주지사들이 그들이다. 그들은 도요타가 미국 전역에서 17만 2,000명을 고용하고 있다며 실업률 줄이기에 심혈을 기울이고 있던 오바마 정부의 아픈 곳을 찔렀다. 이들은 도요타가 연방 정부로부터 합당한 대우를 받아야 한다고 주장했다. 즉, 연방 정부가 구제금융 형태로 GM, 크라이슬러에 투자하여 최대 주주가 됐는데, 이 회사들이 도요타의 경쟁사임을 지적한 것이다. 따라서 미국 정부가 도요타를 몰아세우는 것은 정부가 최대 주주로 있는 GM과 크라이슬러를 봐주기 위해서라는 논리였다. 주지사들은 비록 미국인이지만, 결과적으로는 도요타의 이익을 지키기 위해 미국 정부의 약점을 공격한 셈이다.[44]

미국 법무부가 마이크로소프트를 반독점으로 제소한 경우도 연합 활동의 사례로 볼 수 있다. IBM과 오라클, 선마이크로시스템스Sun Microsystems 모두 법무부의 제소를 지지했다. 심지어 오라클은 워싱턴에 있는 사설 탐정회사까지 고용했다. 이들은 마이크로소프트에 대한 반독점 소송이 뉴욕 주의 연금기금에 피해를 주었다고 주장하는 뉴욕 대학교의 연구비용과, 마이크로소프트를 옹호하기 위해 240명의 학자들이 서명하여 주요 신문에 게재한 전면 광고비용을 마이크로소프트가 댔다는 증거를 찾아내기도 했다.

특정 기업과 노조 연합이 승패를 가른 경우도 있다. 2006년

---

44 한용걸 (2011). 《K 스트리트》. 서해문집. pp.15~19.

미국 의회에서 미국 항공사의 지분을 외국인이 소유할 수 있는지를 두고 논쟁이 벌어졌다. 그런데 이 논쟁은 사실 유나이티드항공과 컨티넨탈항공의 싸움이었다. 당시 법정관리를 받고 있던 유나이티드항공으로서는 해외 자본이 절실한 상황이었다. 따라서 외국인 소유에 찬성하는 입장이었다. 반면 컨티넨탈항공은 재정 상태가 좋았기 때문에 해외 자본이 필요 없었을 뿐만 아니라, 유나이티드항공이 어려움에 처하면 고객과 수입을 늘릴 수 있는 유리한 입장이었다. 그런데 항공업계 노조들이 컨티넨탈항공과 함께 외국인의 지분 소유를 반대하는 입장에 서면서 컨티넨탈항공이 승리했다.[45]

2006년 미국 비자 면제 프로그램 가입을 위한 연합조직으로 '한미비자면제프로그램연합US-Korea VWP Coalition'이 결성됐다. 처음에는 20여 개 단체로 시작했는데, 한 달 만에 110개 단체로 늘어났다. 미국 상공회의소AMCHAM, 보잉사, 유나이티드항공, 웨스팅하우스, 다임러크라이슬러 등 미국 굴지의 대기업 30여 곳과 알래스카 주 정부 산하 한국 사무소와 알래스카 국제공항도 힘을 보탰다. 연합조직이 커지면서 의원들에 대한 로비가 더욱 활기를 띠게 되었다. 또 비자 면제 프로그램에 가입하려는 다른 국가들, 즉 미국의 부시 행정부가 배려해야 할 폴란드와 같은 동구권 국가들과도 연합했다. 이

---

45 로버트 라이시 (2008). 《슈퍼자본주의》. 김영사, p.209, pp.216~217.

렇게 되자, 폴란드 로비단체인 '폴란드미국대표자모임Polish American Congress'과 보조를 맞출 수 있었을 뿐만 아니라, 의회에서는 폴란드계 의원의 도움까지 받게 되었다.

전통적인 연합 형태와는 다른 방법이 동원되는 경우도 있다. 가령, 새로운 환경 규제의 영향을 받게 된 기업이 반대 활동에 직접 나서기보다는, 공익을 표방하는 단체나 조직 또는 전문가 집단이나 연구단체를 내세우는 경우다. 시민단체나 전문가 집단과 연합전선을 구축할 수 있다면 더욱 유리한 결과를 가져올 수 있다. 따라서 오늘날 미국 기업이나 업계 단체는 자신들의 입장과 이익을 옹호해줄 수 있는 단체 및 전문가 집단과 평소 긴밀한 관계를 유지한다. 이런 외곽 지지 조직이 없을 시엔 홍보 전문회사에 맡겨 새로운 조직을 구축하기도 한다. 이렇게 전위 단체를 활용함으로써 기업 등은 전면에 나서지 않고도 공공 토론 과정에서 자신들의 입장을 반영할 수 있다.

우리나라의 사례로는 1999년 농업협동조합 개혁을 위한 입법 과정에서의 연합 활동을 들 수 있다. 당시의 대립 구도는 정부의 개혁 방향에 대체로 찬성하는 농협과 이에 반대하는 축협의 대립이었다. 농협과 축협은 입법 과정에서 다양한 찬반 활동을 벌였는데, 연합 활동도 예외가 아니었다. 정부의 개혁 방향에 찬성하는 농협 측은 68개의 농민·시민단체를 망라한 '협동조합개혁추진 범농업인·시민연대(협개연)'를 구성했고, 정부 방침에 반대하는 축협 측은 총28개 단체가 참여한 '한국협동조합개혁국민연대(국민연대)'를 출범시켜 다양한 활동을 전개했다.[46]

46 농림부 (2001), 〈국민의 정부 협동조합개혁백서〉, pp.247~264.

07

공공 정책 관련
모니터링과 대응

유용한 정보 수집을 통해 변화를 예측하는 활동

기업과 단체들이 관련 있는 공공 정책의 변화 가능성이나 방향을 모니터링하고 필요 시 적절하게 대응하는 전략이다. 또한 이 업무의 실무자들은 기업과 관련된 다른 상황도 주시하면서, 주요 내용을 정기적으로 수집하는 일도 한다. 때로는 조직 내부의 요구에 의해 특정 이슈, 활동, 이벤트 등과 관련 있는 구체적인 내용을 조사하기도 한다. 이 같은 임무를 수행하기 위해서 그들은 현장 활동, 인터넷 활용 등 다양한 방법으로 모니터링을 실시한다.

　이 같은 활동이 정부 차원뿐 아니라, 공공 정책에 영향을 미칠 수 있는 여론 등 다양한 사회적 움직임까지 포함하게 되면 모니터링의 범위가 더욱 넓어진다. 또 기업 규모에 따라서는 글로벌 차원의 모니터링과 대응도 필요하다. 이를 위해서 해외 모니터링을 위한 조직과 효과적인 모니터링 시스템을 운영하게 된다. 가령, 한국의 한 글로벌 기업은 글로벌 차원의 모니터링을 위해, CNN 본부의 모니터링 시스템을 벤치마킹하여 시스템을 갖추었다고 한다. 어쨌든 이 단계에서는 향후의 변화를 예측함에 있어 의미 있고 도움이 되는 유용한 정보 수집을 기본 활동으로 할 것이다.

모니터링은 대응으로 이어지거나, 관련 자료를 축적하는 과정을 밟게 된다. 기업은 계속해서 이슈 등과 관련된 새로운 정보나 지식을 습득·축적하고, 필요할 경우 심화된 연구와 논의를 통해 대응방안을 마련한다. 대응방안에는 대응의 목표와 대상, 필요한 내용(콘텐츠)과 구체적 수단 등이 포함된다.

수집된 정보는 대응방안 마련에 활용

미국의 유통업체 시어즈는 우선 관심을 갖고 지켜보거나 해결해야 할 사항들을 그 중요도에 따라 나열했다. 시어즈의 정부 관계 담당 부서는 그 목록에서 상위 10개 이슈에 들어가 있는 것들에 관심을 집중했다. 먼저 각각의 이슈가 진행 중인 사안인지, 끝난 사안인지를 검토했다. 이 과정에서 시어즈는 의원이나 이들의 보좌관, 로비스트 그리고 회사가 속한 업계 단체와 함께 구축해놓은 네트워크의 도움을 받았다.

시어즈는 회사에 영향을 미치는 최고 우선순위 이슈에 어떤 의원이 관련되어 있는지, 주요 상임위원회의 핵심 멤버는 누구이며, 시어즈 직원들이 많이 사는 선거구의 의원은 누구인지 파악했다. 그리고 이 범주에 속하는 50명 남짓의 의원들을 대상으로, 정치헌금 제공이나 회사의 이슈를 설명하기 위한 회합을 개최하고, 매장 시찰 및 최고경영자와의 면담 기회를 제공했다. 이 같은 방식은 연방 의회 의원들뿐 아니라 주 의회 의원들에게도 똑같이 적용되었다.[47]

월마트의 은행업 진출에 반대하는 미국의 기존 은행들은 월마트의 움직임을 지속적으로 모니터링했다. 월마트가 오랫동안 은행업 진출을 원한 이유는 수수료로 상당한 돈을 벌 수 있기 때문이었다. 1999년 월마트는 연방 법률의 맹점을 이용해 저축대부업체 인수를 추진했다. 그러나 월마트를 주시하던 기존 은행들은 로비스트를 동원했고 의회는 갑자기 관련 법률의 맹점을 삭제했다. 2005년 7월, 월마트는 산업대부회사 인수를 추진했다. 산업대부회사는 은행업에 직접 진출하는 통로는 아니었지만 출발점이 될 수 있었다. 간접적으로나마 다시 은행업 진출을 시도한 것이다. 이번에는 은행뿐 아니라, 편의점과 잡화점, 부동산 중개업자들까지 연합하여 월마트에 맞섰다. 이들이 고용한 로비스트들이 의회의 관

---

47 폴 아르젠티, 재니스 포먼 (2006), 《기업 홍보의 힘》, 커뮤니케이션북스, pp. 277~280.

련 위원회에 몰려들었고 연방예금보험공사에는 월마트의 신청 반려를 요구하는 진정서가 1,000건 이상 접수되었다. 월마트의 은행업 진출은 다시 좌절되었다.[48]

AIPAC 역시 모니터링을 소홀히 하지 않는다. 이 단체의 회원들은 연평균 2,000시간이 넘는 청문회(상임위원회와 소위원회 포함)를 일일이 모니터링하고 있다.[49] 뿐만 아니라 '캠퍼스 워치CW, Campus Watch'라는 단체를 통해 대학 등 학원가에서 반이스라엘 성향의 강의나 논쟁을 예방하는 데 주력한다. 이 단체는 유대계 학생들을 중심으로 미국 내 명문대에서 종종 볼 수 있는 반이스라엘 기류를 모니터링하며 대응하고 있다.[50]

공공 정책 관련 모니터링이나 대응과 관련한 한국의 환경은 미국이나 유럽과 차이가 있다. 단순한 홍보의 경우는 외부 전문기관 활용이 가능하지만, 의회나 행정부 등을 대상으로 할 때는 외부 전문가나 외부 조직을 활용할 수 없다. 따라서 직원들을 활용하게 되는데, 효과적인 활동 수행을 위해 전관을 영입한다. 민간 조직에 영입된 전직 관료들은 진행 상황을 좀더 정확하고 신속하게 파악하여 효과적으로 대응하는 데 강점이 있다.

48 로버트 라이시 (2008). 《슈퍼자본주의》. 김영사. pp.211~213.
49 송의달 (2007). 《미국을 로비하라》. 삼성경제연구소. p.47.
50 박재선(2010). 《세계를 지배하는 유대인 파워》. 해누리. p.88.

08

웹 활동

스마트폰 등장으로 보다 신속한 대응이 가능

우편이나 팩스, 전화 같은 유무선 통신장비는 지금도 홍보
활동에 많이 활용되고 있지만, 오늘날 대부분의 홍보 활동은
이메일과 같은 인터넷을 통해 이루어진다. 세계 최대의 홍보
회사 중 하나인 버슨-마스텔러Burson-Marsteller의 임원은 "우리
는 인터넷이 제2의 도구가 되는 것을 원치 않는다. 그것은 최
우선의 도구가 되어야 한다"고 말한 바 있다.[51]

퍼블릭 어페어즈에서 웹 활동의 중요성은 나날이 커지고
있다. 그 자체로 퍼블릭 어페어즈의 주요 수단일 뿐만 아니
라, 퍼블릭 어페어즈를 활성화시키고 그 범위를 확대하는 데

---

51 브루스 빔버 (2007), 《인터넷 시대 정치권력의 변동》, 삼인, p.173.

크게 기여하기 때문이다. 이러한 추세는 시간이 갈수록 가속화될 전망이다. 이는 퍼블릭 어페어즈의 주체는 물론, 그 활동 대상의 입장에서도 주목해야 할 점이다. 가령, 기업과 관련된 쟁점 등 정치·사회 문제를 다루는 블로그, 개인의 신용카드를 이용한 인터넷 정치자금 기부, 선거에서의 온라인 투표, 인터넷을 통한 자원봉사자 모집, 조직원들과 대중을 대상으로 한 동영상(대중매체에 방송된 화면 포함) 제작과 유포 등이 다 이러한 활동과 관련이 있기 때문이다.

웹 활동은 실시간으로 신속하게 이루어지며 과거 방식에 비해 비용도 크게 절감되는 것이 특징이다.[52] 여기에 스마트폰의 등장은 웹 활동을 더욱 신속하고 용이하게 만들어주었다. 어떤 조직이 서신이나 뉴스레터를 조직원에게 웹으로 보내면, 그들은 스마트폰을 통해 즉시 내용을 확인하고, 대답과 반응을 보낼 수 있다. 수많은 사람들이 동시에 같은 내용을 보기 때문에 대중의 반응도 즉각적이다. 각 개인은 필요한 정보도 스마트폰을 통해 바로 확인할 수 있다. 가령, 조직에서 보내준 내용과 관련해 미심쩍은 부분이 있을 경우, 즉시 다른 경로를 통해 확인하는 것이 가능하다. 조직원들이

---

52 한 정치 컨설턴트가 제공한 분석에 의하면, 시민 약 10만 명을 대상으로 우편물을 이용하여 조직화하는 데 드는 비용은 약 2만 5,000달러에서 7만 달러지만, 이메일을 이용할 경우 4,000~5,000달러로 비용을 크게 절감할 수 있다고 한다. 브루스 빔버 (2007), 앞의 책, p.155.

더 이상 정보를 그대로 수용하는 수동적 입장에 있지 않음을 의미한다. 반대 경로를 상정해보면, 조직원들은 자기 조직의 이익을 위해 입법자들에게 즉각적이고 대규모적이며 동시다발적인 활동을, 과거에 비해 거의 부담 없는 비용으로 진행할 수 있게 된 것이다.

다양한 조직들과 연합을 결성하고 사람들을 동원할 때도 마찬가지다. 인터넷과 정보, 커뮤니케이션 체제와 기술을 이용하여 사람들을 폭넓고 신속하게 교육시키고, 회원으로 가입시켜 이들을 동원할 수 있게 되었다. 더 나아가 평소 조직화되어 있지 않은 사람들이 즉각적으로 조직화되는 상황도 이제는 일상적인 일이 되었다.

쟁점 사안에 대해 즉각적인 영향력 행사

일례로 빌 클린턴 대통령의 탄핵을 반대하는 청원운동을 계기로 시작된 '무브온Move On' 운동을 들 수 있다. 이 운동은 1998년 9월에 창설된 네티즌 정치단체로 일반 시민의 정치 조직화를 통해 민주주의를 고양하려는 것이 그 활동 목적인데, 콜로라도 주민 2명에 의해 시작되었다. 이들은 클린턴 대통령을 탄핵하지 말도록 하원을 설득하고, 하원에서 탄핵안이 통과된 후에는 대통령을 사면하도록 상원을 설득하는 전국적인 청원운동을 조직하기 위해 이메일과 인터넷을 활용했다. 무브온 운동은 급속히 확산되면서 참여자의 수가 빠르게 늘어나는 자기 조직화 운동의 성격을 띠었다. 그러자 언론의 주목을 끌게 되었고, 주요 언론이 이 운동에 대해 보도하면서 규모가 더욱 확대되었다. 1998년 9월과 1999년 1월 사이 무브온 운동의 영향에 따라 지역 유권자들은 약 50만 건에 이르는 메시지를 의회에 보냈다. 이 운동을 시작한 콜로라도 주민 2명이 비용으로 사용한 돈은 약 100달러였다고 한다. 전통적인 제도권 이익집단과 달리, 무브온 운동 같은 단체들은 이벤트를 마친 후 극적으로 사라지기도 한다. 그 때문에 속도와 예측 불가능성을 강조하는 '플래시 캠페인flash campaign'이라는 새로운 명칭을 부여받았다.[53]

이처럼 쟁점에 대한 일반 대중의 인식에 영향을 미치는 인터넷 활동은 보다 적극적인 풀뿌리 운동을 가능하게 해주기도 한다. 하지만 정보의 유통속도가 빨라지고, 조직원들이 더 이상 수동적 위치에만 머무르지 않는 상황에서 상대방을 능가하는 효과적인 웹 활동을 펼치기 위해서는 많은 노력이 필요하다.

가장 중요한 것은 역시 콘텐츠다. 다른 조직과 차별화된 최

---

[53] 브루스 빔버 (2007). 앞의 책, pp.176~177, p.183. 무브온은 현재까지도 미국에서 가장 영향력 있는 온라인 정치단체 중의 하나이다. 애초에 클린턴 대통령의 탄핵을 반대하는 운동으로 시작했지만 그 후 선거와 의회정치에 적극적으로 관여하는 동시에 반전 운동의 가장 중요한 가상공간을 만들어 나갔다. 이와 같은 무브온의 활동은 정치적 조직화의 새로운 형태로 평가되고 있다. 조희정 (2013).《민주주의의 기술―미국의 온라인 선거운동》. 한국학술정보, pp.61~62.

신 정보, 독점적인 콘텐츠를 제공할 수 있어야 한다. 콘텐츠는 다른 조직이 바로 따라잡거나 모방하기 어려울수록 효과적이다. 콘텐츠에 대한 보안도 중요하다. 또 조직원들이 그들의 의사를 의원들에게 간편하고 신속하게 전달할 수 있는 시스템 개발이 필요하다. 아울러 콘텐츠를 적극적으로 사용할, 능동적이고 충성도 높은 사람들을 확보해야 한다. 웹 활동의 대상자나 참여자가 한정된 경우가 아니라면 더 많은 사람들에게 정보를 제공하고, 더 많은 우군을 확보하는 것이 매우 중요하다.

웹 활동을 위한 하드웨어와 소프트웨어의 발달은 과거에는 상상할 수 없었던 수준의 활동을 가능하게 해준다. 시간과 공간의 제약을 받지 않기 때문이다. 세계 각지의 사람들이 비용 부담 없이, 동시에 소통할 수 있는 세상이 되었고, 보낼 수 있는 콘텐츠의 제한도 사라져 목소리, 문자, 동영상 모두 유통시킬 수 있게 되었다. 이는 세계적인 주요 이슈가 지구적 차원에서 신속하게 동시 소통되는 세상이 되었다는 것 이상의 의미를 포함한다. 즉, 과거에는 주목받지 못했던 지역적 이슈나 요구, 사건, 사고 등이 실시간으로 세계적인 이슈나 주목거리가 될 수 있다. 여기서도 중요한 것은 역시 콘텐츠다. 하드웨어와 소프트웨어의 발전에도 불구하고 과거나 현재에 있어 가장 중요하고도 변함없는 과제는 '어떻게 일반 대중이나, 대상이 되는 조직원을 비롯한 관련 대중의 관심을 끌 것인가?' 하는 것이다. 가령, 제공하는 정보를 보게 하고, 이에 반응하게 하고, 더 나아가 적극적으로 행동하게 하려면 어떻게 해야 할 것인지가 문제다. 콘텐츠의 중요성과 함께, 매 단계 새롭고 효과적인 아이디어도 요구된다.[54]

기업 입장에서는 퍼블릭 어페어즈의 일환으로 웹 활동을 하는 측면도 있겠으나, 거꾸로 소비자들이 기업을 향해 벌이는 활동에 대응해야 하는 경우도 있다. 2007년 11월, 페이스북에서 친구가 무엇을 구매했는지 알려주는 '비컨Beacon'이라는 프로그램이 프라이버시 침해 논쟁에 휩싸였는데, 무브온도 이때 반대운동에 동참했다. 페이스북에 그룹을 만들고, 페이스북이 사용자 승인 없이 다른 웹사이트에 개인 구매 정보를 게시하지 못하도록 요구하는 온라인 청원서를 작성한 것이다. 열흘도 지나지 않아 5만 명 이상이 무브온 운동에 참여했다. 법정 소송 후 페이스북의 주커버그는 사과문을 올리고, 비컨은 승인을 의무화하도록 바뀌었다.[55]

---

54 미국정치컨설턴트협회(AAPC, American Association of Political Consultant)는 전통적인 정치 캠페인과 홍보 전문가를 위한 주요 회원 조직이다. 이 협회는 선거가 끝나면 최고의 TV 광고, 최고의 라디오 광고, 최고의 인쇄 및 우편 선거운동 등에 대해 시상을 한다. 이 같은 단체도 1998년에 와서는 회원들이 새로운 매체를 통해서 커뮤니케이션을 한다는 것을 인정하고, 웹사이트에 대해서도 상을 수여하기 시작했다. 최고의 지역 웹사이트, 웹사이트를 가장 잘 활용한 경우, 최고의 인터넷 선거운동을 전개한 사례 등에 대해 상을 수여했는데, 웹 활동과 관련한 상이 전체의 5분의 1 정도였다고 한다. 브루스 빔버 (2007). 《인터넷 시대 정치권력의 변동》. 삼인. p.182.
55 조희정 (2013). 《민주주의의 기술—미국의 온라인 선거운동》. 한국학술정보. p.71.

09

사회적 기여[56]

좋은 평판과 이미지 개선의 디딤돌

우리는 앞에서 미국 퍼블릭 어페어즈협의회의 사회적 책임 활동이 1960년대 후반 소수민족 문제, 도시 문제, 여성 권익 문제로부터 시작하여 기업의 자선 활동으로 그 영역을 넓혀 갔음을 살펴보았다. 사회적 기여 역시 퍼블릭 어페어즈의 한 부분임을 알 수 있는 대목이다. 현대 사회로 오면서 기업의 사회적 기여 활동과 대상은 더욱 다양해지고 있다. 활동의 대상은 기업의 사무실이나 생산 공장이 있는 지역일 수도 있고, 전국일 수도 있다. 요즘처럼 기업의 해외 진출이 활발할

---

56 가장 많이 접하는 사회적 기여인 CSR의 정의에 대해서조차도 아직 여러 가지 논의가 있는 것으로 보인다. 여기서는 조지아 대학교 아치 캐럴(Arch B. Carroll) 교수의 CSR 개념을 기본으로 하여, 사회적 기여라고 표현했다.

때에는 특정 국가를 넘어 국제적 차원으로 활동 범위가 확장 될 수도 있다.

기업 등이 사회적 기여를 하는 이유는 여러 가지겠지만, 가장 큰 목적은 좋은 평판을 쌓고 이미지를 제고하기 위해서다. 한마디로 이미지 개선이 가장 큰 목적인 것이다. 퍼블릭 어페어즈의 관점에서 말하면, 사회적 기여를 통해 인정을 받고 이를 통해 자신과 관련 있는 공공 정책 환경을 유리하게 만들기 위해서다. 하지만 실제로는 이에 더해 비즈니스와 유능한 인재 선발에도 유리하게 작용하는 등 더 많은 이점이 확보된다.[57]

사회적 기여 활동은 다양한 방식으로 전개되지만, 먼저 기업 차원의 기부나 공여, 자원봉사 활동을 들 수 있다. 주로 재정적 기부나 물품 기부를 말한다. 지역에 이익을 줄 수 있는 기업 광고도 여기에 포함된다. 또 평일 근무시간을 이용한 직원들의 봉사 활동을 격려할 수도 있다. 이 역시 기업이 시간과 자원을 제공하는 것이므로 상당한 재정적 기부라 할 수 있다. 직원들의 자발적 봉사나 기부 활동도 이에 포함된다. 재능 기부 형태로 자신의 시간을 내서 다양한 봉사 활동

---

[57] 조선일보 공익 섹션 〈더 나은 미래〉가 고려대 기업경영연구원과 공동으로 국내 시가 총액 상위 100대 기업 CEO를 대상으로 설문조사를 실시한 결과, CSR의 비중을 홍보 나 대외 협력 쪽에 두는 CEO가 가장 많은 것으로 드러났다. "한국의 CEO는 오늘도 고민 중입니다" (2014. 10. 28). 《조선일보》.

을 할 수도 있고 금전적 기부도 할 수 있다. 한국에서도 많은 기업들이, 직원들이 내는 기부금액만큼 기업도 기부금을 내는 매칭 그랜트matching grant 형식의 기부에 동참하고 있다.

화장품 판매회사인 에이본Avon Products. Inc은 미국 여러 도시에서 '유방암 퇴치를 위한 걷기대회'라는 이벤트를 개최하고 지원한다. 이 대회가 열리는 도시에서는 유방암을 이겨내고 생존한 여성들을 포함한 수천 명의 여성들이 유방암 퇴치 기금 마련을 위해 3일 동안 하루에 20마일씩 걷는다. 저녁에는 에이본이 제공한 숙박용 텐트, 식사, 온수 샤워, 여흥 그리고 필요하다면 의료 서비스까지 준비된 장소에서 휴식을 취한다. 이 같은 이벤트를 만들고 지원하면서 에이본은 단순히 이익만 추구하는 회사가 아니라 전 세계 여성들의 절실한 문제 해결을 위해 지원한다는 이미지를 구축하고 있다.

마이크로소프트처럼 지역사회와 기업의 상호 이익을 도모하는 프로그램을 제공하는 경우도 있다. 마이크로소프트는 커뮤니티 컬리지(주 정부의 지원으로 운영되는 2년제 대학) 학생이나 소년 소녀 클럽, 장애인 그리고 비영리단체의 관리자들처럼 눈에 잘 띄지 않는 그룹과 저소득층에게 컴퓨터 이용을 지원한다. 마이크로소프트의 기부는 대부분 기술훈련이나 소프트웨어 형태로 제공된다. 이를 통해 좋은 명성을 쌓을 뿐만 아니라, 이러한 그룹으로까지 고객 기반을 확장하고 종업원 채용 풀pool을 넓히겠다는 의도가 포함되어 있다. 이

런 면에서 보면 자선이란 결국 서로가 이득을 보는 윈윈win-win
활동인 셈이다.[58]

사회적 기여를 바라보는 시선

그런데 기업의 사회적 기여를 바라보는 시각은 입장과 상황
에 따라 다를 수 있다. 각 개인 간의 입장은 물론, 한 개인의
입장도 시기와 상황에 따라 달라질 수 있다. 소비자와 투자
자로서의 개인은 소비와 투자에서 자신에게 보다 유리한 거
래를 하기 원한다. 하지만 의식 있는 시민의 입장에서는 유
리한 거래 이면에 존재하는 사회적 부작용을 좋아하지 않을
수도 있다.

가령, 월마트는 많은 분야에서 상품 가격을 크게 낮춤으로
써 소비자인 고객에게 혜택을 주었다. 소비자의 입장에서 볼
때 월마트는 혜택을 주는 좋은 회사로 인식될 것이다. 그리
고 월마트의 성공은 월마트에 투자한 사람들의 혜택으로 이
어지므로, 투자자의 입장으로 볼 때도 바람직한 투자대상으
로 인식될 것이다. 하지만 사람들은 공정한 사회를 희구하기
도 하고, 또 기업이 소비자와 투자자를 위해서뿐만 아니라
사회적으로도 책임 있는 역할을 하기를 바란다. 이런 입장에

---

58 폴 아르젠티, 재니스 포먼 (2006), 《기업 홍보의 힘》, 커뮤니케이션북스, pp.289~290,
p.294.

서는 월마트를 어떤 기업으로 인식하게 될까? 가령, 월마트의 낮은 급여와 복지 수준, 공급자들을 압도하는 지배적인 힘에 대해 비판적인 시각을 가질 수 있다. 또 이런 대형 할인점들로 인해 서민들의 생계가 걸린 전통시장과 이른바 '골목상권'이 무너진다는 소식에 공분을 느끼기도 한다.

물론 월마트 역시 사회적 기여 활동을 게을리 하는 것은 아니다. 그러나 일부에서는 월마트가 소비자와 투자자들에게 혜택을 주는 것으로 이미 기업으로서의 기본적 역할을 잘하고 있다고 평가한다. 또 월마트나 다른 대기업의 경영진들이 특별히 잔인하거나, 주위 사정에 무관심하거나, 비인간적으로 탐욕스러운 것이 아니라, 정해진 시장경제의 룰에 따라 최선을 다하고 있다고 주장하기도 한다. 하지만 그런 주장이 일부 사람들에게는 설득력을 얻지 못하는 것도 사실이다. 페이스북의 창업자이자 최고경영자인 마크 주커버그가 언급했듯이 사람들은 '단순히 이윤 극대화를 추구하는 기업 그 이상'을 요구하기 때문이다.

이 같은 분위기에서 등장한 것이 기업의 사회적 책임CSR, Corporate Social Responsibility, 공유가치창출CSV, Creating Shared Value, 사회책임투자SRI, Socially Responsible Investment 같은 개념이다. 그리고 세계의 저명한 CEO들은 사회적 기여에 헌신할 것을 다짐한다. 또 수많은 사회적 감시자들이 이와 관련된 기업의 실적을 측정하여 사회책임투자지수 같은 지수를 만들기도 한다.

기업들은 사회적 기여에 대한 자신들의 실적을 홍보하는 보고서를 발표한다.

때로 기업들은 동성애자, 낙태, 총기 문제 등을 둘러싸고 서로 상반되는 가치 간 갈등이 표면화될 때 사회적 책임을 강요받기도 한다. 가령, 미국가족협회American Family Association가 포드자동차가 동성애자를 두둔하는 광고를 실었다는 이유로 불매운동을 벌이자 회사는 광고를 중단했다. 하지만 포드자동차는 동성애자 권리단체들을 만난 뒤에 다시 광고를 싣기로 했고, 이 일로 미국가족협회를 비롯한 43개 종교단체들의 불매운동에 직면해야 했다.[59]

미국 조지아 대학교의 아치 캐럴Arch B. Carroll 교수는 기업의 사회적 역할을 기업에 대한 사회적 기대social expectation라는 개념으로 정리하며, 경제적 기대economic expectation, 법률적 기대legal expectation, 윤리적 기대ethical expectation, 재량적 기대discretionary expectation로 분류했다. 이를 근거로 기업의 사회적 책임 역시 '경제적 책임', '법적 책임', '윤리적 책임', '자선적 책임'으로 분류했다. 캐럴 교수는 이 네 가지에 충실할 때 기업이 사회적 책임을 다한 것이라고 주장했는데, 이는 기업의 사회적 기여에도 그대로 적용할 수 있다.

그런데 이 수준을 넘어 자본주의가 근본적으로 안고 있는

---

59 로버트 라이시 (2008), 《슈퍼자본주의》, 김영사, p.261.

기업의 사회적 기여와 그에 따른 역할[60]

사회적 기여	기업의 역할
경제적 기여	기업의 본질적 존재 이유인 생산과 투자, 고용 → 이윤 창출
법적 기여	법과 규정을 준수하는 합법적 경제 활동 수행
윤리적 기여	사회가 기업에 기대하는 법 이상의 윤리적 활동 전개
재량(자선)적 기여	자발적 기부, 지역사회에 대한 지원 등 사회 공헌적 행위

문제 해결을 위해 기업이 역할을 해야 한다는 주장도 나왔다. 마이크로소프트의 회장이었던 빌 게이츠의 '창조적 자본주의' 개념이 그런 주장의 하나다. 창조적 자본주의란, 정부와 기업과 비영리단체가 협력하여 시장의 영향력이 미치는 범위를 확장함으로써 세상의 불평등을 완화하면서 이익을 창출하거나 사회적 인정을 얻을 수 있는 방식을 말한다. 가령, 그는 지금까지 국가의 몫이자 임무였던 빈곤 문제 해결에 기업이 국가와 함께 역할을 해야 한다고 제안했다. 이것은 기업의 역할을 시장 영역 이상으로 확장시키는 동시에, 기업이 자본주의 체제에서 성장·발전하는 존재라는 차원을 넘어, 자본주의 발전에 기여하는 역할로까지 나아가야 한다는 의미이다.[61]

---

60 조승민, 양세영 (2014). 〈국민통합에 기여하는 기업의 역할에 관한 연구〉. 국민대통합위원회, p.67의 〈표3〉을 수정 인용.
61 이와 관련해서는 마이클 킨슬리의 《빌 게이츠의 창조적 자본주의》(2011, 이콘)를 참조.

계속해서 높아지는 기대 수준

기업이 사회적 책임을 받아들이는 것에 대해 비판적인 시각을 가진 사람들은, 사회적 기여를 하겠다는 기업의 선언을, 기업에 대한 정부의 규제나 입법 마련을 저지하기 위한 도구로 바라본다. 즉, 보다 엄격한 규제나 법안을 필요로 하는 기업의 문제점을 대중의 관심으로부터 멀어지게 하거나 희석시킬 수 있다는 것이다. 가령, 미국의 케이블 회사들은 자신들이 방영하는 폭력적인 프로그램에 대해 연방통신위원회와 보수적인 입법자들이 불만을 품고 있다는 사실을 알아차리고 가족 친화적인 채널을 만들어 아이들을 보호하겠다는 계획을 발표했다. 이에 입법자들은 케이블 회사에 기회를 주자면서 입법 계획을 늦추었다. 그런데 케이블 회사들은 전에도 이런 약속을 한 적이 있고, 이는 거의 실천되지 않았다.[62]

기업에 대한 국민의 기대 수준은 계속 높아지고 있다. 캐럴 교수의 기준으로 보면, 기업의 본질적 존재 이유인 경제적 기여와 법적 기여는 물론, 윤리적 기여와 재량적 기여에 대한 기대 수준도 갈수록 높아지고 있다. 따라서 기업이 재량적 기여를 하더라도 법적인 위반 사건이 발생하면, 그 효과가 크게 약화된다. 더구나 기업이 법적인 문제를 일으키고 난 후에 행하는 재량적 기여는, 법적인 책임을 다하지 못한

---

62 로버트 라이시 (2008). 《슈퍼자본주의》. 김영사. p.273.

데 대한 반대급부나 법적인 처벌 수위를 조금이라도 낮추어 보려는 시도로 받아들여질 수 있다.

한국의 경우도 1997년 외환위기를 겪으면서 기업 윤리가 기업 경영의 주요 과제로 자리 잡았다. 그리고 2008년 미국발 금융위기로 인한 세계적인 경제 불황의 과정에서 기업의 사회 공헌에 대한 요구와 관심이 크게 증대했다. 이에 따라 우리 기업들도 상당한 규모로 다양한 사회 공헌 활동을 하고 있다. 하지만 기업과 사회에서 보이는 현상적 관심에 비해, 대학이 CSR 등 기업의 사회적 기여에 대한 교육 여건을 제대로 마련하지 않고 있다는 평가를 받는다.[63]

---

63 2006년 기준으로 미국의 모든 경영대학원의 석사 과정은 CSR 과목을 하나 이상 수강하도록 요구하고 있으며, 기업 채용 담당자의 80퍼센트 이상은 경영대학원 졸업생들이 이 문제에 대한 인식과 지식을 보여줄 수 있어야 한다고 말한다. 로버트 라이시 (2008). 앞의 책, p.241. 하지만 한국의 경우 국내 상위 대학 열 곳 중 CSR 전반을 가르치는 석·박사 과정은 한 곳도 없었고, 일반 경영대학원 내에 CSR 관련 내용을 필수 과목으로 개설한 곳은 단 한 곳에 불과했다. 이를 선택 과목으로라도 지정한 대학원은 두 곳이었다. "한국엔 없어서… CSR 배우러 해외 갑니다" (2014. 11. 25). 《조선일보》.

10

사법적 활동

사법적 활동을 통해 요구를 반영시키는 것이 목적

사법적 활동은 공공 정책의 목표 달성을 위한 최후 수단으로 간주된다. 입법부나 행정부에서 소기의 결과를 얻지 못했을 때, 기업은 사법부의 판단을 통해 상황을 바꾸려는 시도를 하게 된다. 소송을 할 수도 있고, 위헌 제청 신청이나 헌법소원 같은 것을 낼 수도 있다. 이 같은 사법적 활동은 모든 나라에서 대동소이하게 이루어지고 있다.

미국처럼 사법 선거제도가 있는 나라에서는 사법적 활동의 범위가 법적 공방에만 머무르지 않는다. 이 경우, 사법 선거에 개입하는 것은 중요한 사법적 활동이다. 입법부와 마찬가지로, 자신의 조직과 비슷한 철학을 가진 인사가 사법부에 있으면 임무를 수행하기가 한층 수월하기 때문이다. 따라서 미국에서는 변호사 단체나 관련 이익단체들이 사법 선거에 강력하게 개입하는 경우가 적지 않다. 가령, 기업을 대변하는 이익단체는 판사들의 친親기업 성향을 조사해서 발표하기도 하고, 캠페인을 벌이거나 광고를 내기도 한다. 이런 활동은 필연적으로 사법 정치를 낳는다. 이 때문에 국민들 사이에는 사법 정의가 제대로 실현될 수 있는지에 대한 의문이 제기되기도 한다.

그런데 사법적 활동은 또 다른 정치적 의미를 포함하고 있다. 미국에서는 이익집단정치가 로비에서 소송으로 전화轉化됐다는 평가까지 나오고 있다. 이는 미국인들이 개인적 불만 해결뿐만 아니라 공공 정책을 만들고 변화시키기 위해서도 소송을 선택하는 경향이 커지고 있음을 의미한다. 소송을 통해 자신의 의견을 관철시키고자 하는 것이다. 비즈니스의 관점에서 보면, 시장이나 의회에서의 경쟁을 통해 얻으려던 것을 법정을 통해 얻으려고 시도하게 되었다고 볼 수 있다. 결과적으로 법원이 과거 대통령과 의회가 지배했던 정책 결정 과정에 들어서게 된 것이다. 이런 변화로 인해 집단적인 활동이 줄어드는 현상도 나타났다.

이 같은 변화의 원인으로는 무엇보다 법원의 역할 확대를 들 수 있다. 미국의 연방 사법부는 제2차 세계대전 이후 1960년대까지 민주당 자유주의자들의 지지를 바탕으로 정치 과정에서 역할을 확대했다. 자유주의 단체 등은 이 변화를 이용하여 사법적 활동을 정치적 무기의 하나로 선택했다. 민권운동단체, 환경운동단체, 여성운동단체들이 대표적으로 사법부를 활용한 조직들이다. 의회도 이 같은 흐름이 활성화되도록 입법적으로 일조했다.

이에 맞서 공화당 대통령들은 임명권을 이용해서 연방 법원 판사석에 보수 인사를 앉힘으로써 민주당과 연방 법원의 동맹관계에 대응했다. 이로써 공화당과 민주당은 판사 임명을 둘러싸고 격렬한 정치적 공방을 벌이게 되었다. 닉슨, 레이건, 부시 대통령 등은 연방 판사석에 보수적 판사들을 임명하려 했고, 민주당 의원들은 이를 저지하기 위해 맞섰다. 이 같은 싸움은 단순히 의회 내에서만 이루어진 것이 아니다. 민주당과 자유주의 단체들은 판사 임명을 막기 위한 캠페인을 벌이는가 하면, 기금을 모금하고 TV 광고를 지원했다. 또 공화당 대통령이 연방 사법부에 끼칠 수 있는 영향력을 제한하려고 노력했다. 물론 대통령이 민주당에서 나온 경우에는 반대 양상이 전개되었다.[64]

이런 상황이 되면서 사법적 활동은 퍼블릭 어페어즈의 유력한 수단이 되었다. 기업의 경우 자유경쟁 시장이나 의회 등의 정치 시장에서는 이길 수 없는 상대와 대적하기 위해서

---

64 매튜 A. 크렌슨, 벤저민 긴스버그 (2013), 《다운사이징 데모크라시》, 후마니타스, pp.172~175, pp.277~285 참조.

법원을 이용하게 되었다.

소송의 주체가 되기도 하고 대상이 되기도 하는 기업 활동

법무부와의 소송 끝에 1984년 1월, 분할을 결정한 AT&T의 사례를 보자. MCI를 비롯한 신규 업체들은 전신전화 시장으로의 진출을 시도했지만 시장에서 AT&T를 이길 수도 없었고, 의회에서 자신들에게 우호적인 입법을 이끌어낼 수도 없었다. 결국 이들은 통신 분야의 신규 진입을 막고 독점을 유지하려고 공모했다는 혐의를 들어 AT&T와 그 계열사들을 법원에 제소했다. 1974년 MCI는, 법무부가 당시 유행하던 공익이라는 통념에 헌신하고 있음을 보여줄 수 있으며, '셔먼법' 등 연방의 반독점 법령을 위반하는 다양한 독점 관행을 근거로 AT&T를 기소할 수 있다는 점을 들어 법무부를 설득했다. 오랜 재판이 이어지는 동안 MCI 간부들은 AT&T로부터 입수한 수천 쪽의 문서와 여러 시간 분량의 증언을 제시했고, AT&T와 반대 입장에 있는 전문가들이 법무부를 지원하도록 했다. 결국 AT&T는 회사 분할 결정을 받아들일 수밖에 없었다. MCI는 시장이나 의회에서는 성취할 수 없었던 결과를 법정에서 얻어내는 데 성공한 것이다.

이 같은 사법적 활동이 기업의 전유물은 아니다. 공익 소송의 이름으로 행해지는 사법적 활동도 있다. 미국의 대표적 사례 가운데 하나가 '수질오염방지법Clean Water Act'의 시민 소송 규정에 따라 진행되는 환경 소송이다. 미국 환경보호청은 이 법에 따라 해당 기업들의 기록을 일상적으로 검사하여 기록에서 기술적 결함을 찾아내고 시정 명령을 내린다. 기록 보존의 오류가 고의적이거나 반복적일 경우, 벌금을 부과하는 등 제재를 가하기도 한다. 하지만 가벼운 위반의 경우에는 대부분 추가 조치를 하지 않는데 이런 사소한 위반 사례들이 오랫동안 일부 환경단체들의 지속적인 자금원 역할을 했다.

단체들은 '정보자유법Freedom of Information Act'에 따라 획득한 환경보호청 기록에서, 보호청이 이미 제재하지 않기로 결정한 사안에 대해 벌금과 제재를 부과하라는 소송을 연방 법원에 제기했다. 하지만 실제로 처벌이 이루어지는 경우는 거의 없었다. 환경단체들이 기업으로부터 예상 벌금액보다 낮은 수준의 대가를 받고 소송 취하에 동의해주었기 때문이다. 보통 이 돈은 그 단체가 지원하는 환경 프로젝트 지원비로 쓰인다고 하는데, 이런 소송은 공익 소송의 가면을 쓴 갈취 행위와 다름없다는 평가를 받기도 한다. 왜냐하면 환경보호청이 이미 집행하고 있는 법을 이용한 것으로, 새로운 기여를 하는 것이 아니기 때문이다.

비슷한 경우로, 단체들이 기업의 위법 행위를 널리 알린 사례도 있다. 1999년 제시 잭슨Jesse Jackson 목사의 레인보우푸시 인권연합Rainbow PUSH coalition of civil rights이, 보잉사의 아프리카계 미국인 노동자들이 회사를 상대로 제기한 소송을 중재한 경우가 그렇다. 소송 이유는 보잉사가 고용과 급여, 승진 관행에서 인종적 편견을 개입시켰다는 것이었다. 잭슨 목사는 노동자들의 주장을 지지하며 이를 널리 알렸지만, 일정 기간의 협상을 거쳐 노동자들에게 유리한 해결책에 합의했다고 발표했다. 합의에 따라 노동자들은 회사로부터 각자 평균 1,768달러를 받았고, 노동자 측 변호인은 380만 달러를 받았다. 보잉사는 레인보우푸시 연합에 5만 달러를 기부하고, 차별 방지 프로그램을 새로 만들기로 했다. 그런데 수십만 달러에 이르는 이 프로그램의 지출 상황을 감독하는 일에 레인보우푸시 연합 이사회 구성원 중 한 명이 지명되었다. 여기에 더하여 보잉사는 레인보우푸시 연합과 관련이 있는 기업체 두 곳과 수백만 달러 규모의 계약을 체결했다.[65]

사법 선거제도가 존재하지 않는 한국의 경우, 법정에서 유리한 판결을 받기 위한 활동이 사법적 활동의 주를 이룬다. 기업은 조직에 속한 변호사나 외부 변호사, 로펌 등을 활용하는데 이는 법적으로 전혀 문제가 되지 않는다. 퍼블릭 어페어즈의 일환으로 전개된 사법적 활동의 대표 사례로는 흡연 관련 소송을 들 수 있다.[66] 또 통상임금을 둘러싼 노사 간의 대결은 입법부에서의 입법 활동과 함께, 사법부에서 유리한 판결을 받기 위한 활동으로도 진행되고 있다. 입법 활동이

---

65 매튜 A. 크렌슨, 벤저민 긴스버그 (2013), 앞의 책, pp.322~324.

아닌 사법적 활동을 통해서도 기업과 단체의 이익을 추구하는 사례이다.

그런데 사법적 활동에서도 전문가들의 역할은 중요하다. 가령, 소송은 기업과 검찰 간의 싸움인 경우도 있으나, 경쟁 관계에 있는 기업이나 단체 간의 다툼일 수도 있다. 어떤 경우이건 전문가 증인들은 소송에서 중요한 역할을 하게 된다. 한국에서도 통상임금을 둘러싼 대법원의 심리에서 기업과 노조의 입장을 각각 대변하는 전문가들의 증언을 듣는 공개 변론이 심리의 주요 과정으로 진행된 바 있다.[67]

---

66 한국의 첫 '담배 소송'은 1999년에 제기되었다. 흡연 피해자 7명과 그 가족 등 30명이 KT&G(옛 담배인삼공사)와 국가를 상대로 손해배상청구 소송을 낸 것인데, 2014년 4월 10일 대법원은 최종적으로 원고 패소로 판결했다. 그런데 2014년 4월 14일 국민건강보험공단이 "흡연 때문에 추가로 부담한 진료비를 물어내라"며 KT&G 등 국내외 3개 담배 제조사를 상대로 약 540억 원 규모의 손해배상청구 소송을 공식 제기했다. "담배 소송' 흡연자 패소 확정" (2014. 4. 10), 《연합뉴스》; "건보공단, 국내외 담배사 3곳에 537억 흡연 피해 소송" (2014. 4. 14), 《연합뉴스》. 건강보험공단은 배상을 받기 위해 소송을 제기한 것이지만, 당시 국민 건강을 명분으로 추진되고 있던 정부의 '담배 가격 인상'이라는 정책적 목표에 유리한 환경을 조성하기 위한 목적 등 여러 가지 분석이 가능하다.

67 "대법원 통상임금 공개변론" (2013. 9. 6), 《한국경제신문》.

미국의 담배 소송[68]

미국의 담배 소송은 담배 제조업자들과 대부분의 주 법무부 장관, 변호사 등 몇몇 강력한 로비 집단뿐만 아니라 참여자 모두의 이해관계를 충족하는 모양새로 해결되는 과정을 밟았다. 바로 담배에 새로운 세금을 부과하기로 한 것이다. 이 결정은 그 어떤 대의기구의 위임을 받아 이루어진 것도 아니며, 더구나 그 대가는 법정에서 대표되지도 못했던 흡연자들이 지불하는 것이었다. 게다가 이 해결책은 담배에 대한 노출을 줄여야 한다는 공익도 무시하고 있었다.

담배가 건강에 해롭다는 사실은 1920년대부터 알려졌거나 추측되었지만, 1990년대까지 담배회사를 상대로 한 소송에서 승소한 흡연자는 한 명도 없었다. 많은 소송 중에서 1984년에 한 원고가 승소했으나 항소심에서 판결이 번복되었다. 담배회사들은 원고의 자원과 에너지를 고갈시키고, 변호사들이 사건 수임 자체를 포기하도록 시간을 끄는 전략을 택했다. 타협이나 해결을 일관되게 거부했고, 불리한 판결에 대해서는 법의 테두리 내에서 항소했다.

하지만 1950년에서 1990년 사이에 담배회사들의 법적 입장을 약화시키는 상황이 발생했다. 1964년 공중위생국 보고서는 담배를 위험 물질로 정의했고, 1988년 보고서는 니코틴을 중독성 물질로 분류했다. 이는 변화의 중요한 계기가 되었다. 1988년 이전의 많은 소송에서 배심원단은, 원고가 흡연의 위험을 알고도 흡연을 지속했으므로 그 책임이 흡연자에게 있다고 판단했다. 하지만 니코틴이 중독성 물질이고 원고가 선택권을 박탈당했다면, 흡연자가 입은 손해에 대한 책임을 담배회사에 물을 수 있었기 때문이다.

1994년, 담배회사인 브라운앤드윌리엄슨(Brown & Williamson)이 고용

---

68 이 사례와 관련해서는, 매튜 A. 크렌슨, 벤저민 긴스버그 (2013), 《다운사이징 데모크라시》, 후마니타스, pp.286~295의 내용을 참조.

한 루이스빌 법률회사의 사무 보조원이, 1만여 쪽에 달하는 담배회사 내부 문서와 기록을 비밀리에 복사해서 외부에 넘긴 사건이 발생했다. 입수된 자료는 이 회사가 1950년대 초반부터 담배가 암과 기타 심각한 질병을 야기한다는 사실을 인지하고 있었음을 폭로했다. 또한 담배를 중독성 물질로 분류한 1988년의 공중위생국 보고서보다 25년이나 앞서, 니코틴에 고도의 중독성이 있다는 담배회사의 자체 연구결과가 이미 있었음이 드러났다. 또 간접 흡연이 비흡연자의 건강에 치명적 위험을 안긴다는 사실도 보여주었다. 이 회사는 니코틴이 중독성 물질이라는 점을 알면서도, 오히려 흡연자들이 담배를 끊지 못하도록 자사 상품의 니코틴 함량을 높인 것으로 드러났다.

이 폭로를 계기로 원고 측의 저명한 변호사들은 담배회사들에 대응하기 위해 자금을 모았다. 배심원들은 이 같은 증거를 토대로 몇몇 원고에 대해 실질적인 손해배상을 하도록 인정했다. 한편 40개가 넘는 주의 법무부 장관들은 주민들의 담배 관련 질병을 치료하는 데 지출한 재정을 돌려받기 위해 담배회사들을 상대로 소송을 제기했다.

사태 초기에 담배회사들은 이런 소송에 격렬히 대항했지만, 1997년에 소규모 담배회사인 리겟그룹이 주 법무 당국들과 해결을 모색하게 된다. 당시 리겟은 다른 담배회사 인수에 실패하면서 거의 파산 직전에 이른 데다 계속 제기되는 소송비용을 감당할 수가 없는 형편이었다. 리겟은 2,500만 달러와 향후 25년간 세전 소득의 25퍼센트를 주 당국들에 제공하는 대신 다른 손해배상청구 소송으로부터 보호를 받는다는 조건으로, 중독성을 높이기 위해 니코틴 수준을 조작하고 10대 흡연자들을 유혹하기 위해 담배 광고를 이용하는 데 담배 산업 전체가 연관되어 있다는 내용의 문서를 넘겨주었다.

이제 원고 측 변호인들은 담배회사 전체에 맞설 수 있는 결정적인 증거를 손에 넣게 되었고, 다른 담배회사들도 주 법무 당국들과 협상에 나서지 않을 수 없었다. 담배회사들은 메디케이드(Medicaid)[69]로 흡연 관련 질병을 치료하는 데 소요된 비용을 변상하기 위해 주 당국들에게 25년 동안 3,000억 달러 이상을 지불하는 대신, 개별 소송 및 집단

소송으로부터 담배 산업의 책임을 줄이는 연방 입법을 지원하도록 주 당국에 요구했다.

하지만 의회에서의 입법은 무산되었다. 담배 소송 문제가 법정을 떠나 의회 차원의 문제로 전환되자, 이전에는 주목받지 못했던 다양한 이해관계자들이 목소리를 내기 시작했기 때문이다. 흡연 반대 운동 단체들은 담배 판매를 줄이는 내용을 강화해야 한다고 주장했다. 자유주의 성향의 단체들은 담배에 부과되는 세금이나 벌금으로 사회보장 프로그램을 위한 새로운 연방기금을 만들자고 나섰고, 보수단체는 이를 막기 위해 싸움에 뛰어들었다. 언론 매체들은 이 문제를 파헤치기 시작했다. 1998년 이 모든 문제를 해결하기 위해 상원 의원 존 맥케인(John McCain)이 법안을 제출했다. 하지만 애초 법정에서 합의한 당사자들도 불만을 가지는 등의 문제로 인해 결국 법안은 무력화되었다. 담배회사와 주 법무 당국, 변호인들은 다시 법원으로 돌아갔다. 입법을 통해 문제를 해결하려면 의회에서 수많은 이해관계를 조정해야 하지만 법원은 그들과 마주칠 가능성이 훨씬 적은 곳이었기 때문이다. 1998년 11월 마침내 협정이 이루어졌다. 담배회사들은 향후 25년간 당국들에 총액 기준 2,300억 달러가 넘는 비용을 지불하며, 소송 변호인들은 중재자의 결정에 따라, 9.3퍼센트(매사추세츠 주)에서 35퍼센트(미시시피 주)의 범위에서 수임료를 받기로 했다. 원고 측 변호인들에게 지불될 총 수임료는 25년 동안 150억 달러에 달할 것으로 추정되고 있다.

담배회사들은 두 가지 이유로 협정에 동의했다. 첫째, 그들은 주 당국을 가장 위험한 적으로 인식했으며, 즉각 배상해야 할 수십억 달러짜리 판결들 때문에 파산에 이를지도 모른다는 점을 두려워했다. 그래서 자신들의 생존과 미래의 이윤 가능성을 대가로 주 정부와 변호사

---

69 저소득층 의료보호제도. 주 정부가 관할하기 때문에 담배회사들과의 협상에 주 당국이 나선 것임.

들에게 2,400억 달러를 차차 변제해 나가는 방법을 택했다. 이를 통해서 담배회사들이 기대한 것은, 향후 흡연자들이 담배를 사는 데 방해가 되는 그 어떤 조치에 대해서도 주 정부와 변호인단 그리고 그 밖의 합의금 수령자들이 반대하게 될 것이라는 점이었다.

담배 산업 로비스트 연합체와 주 당국자들, 원고 측 변호인들로 이루어진 이 새로운 담배 동맹은, 2000년 6월 담배 산업에 더 엄격한 벌금과 규제를 부과하려던 클린턴 정부의 노력을 막아내는 데 일조하는 등 담배 산업을 보호하는 역할을 했다. 담배회사 입장에서 담배 협정은, 한 갑당 25센트에서 40센트의 담뱃값 상승을 받아들이는 대신, 파산에 대한 보호막이자 정치적 지지 세력을 확보할 수 있는 수단이었다. 협정은 또한, 신생 업체가 담배 가격을 내릴 가능성에 대비해, 협정에 참여한 주들이 신생 업체의 담배 판매에 무거운 세금을 부과하도록 했다. 세금을 부과하지 못한 주는 담배 협정으로 인한 횡재를 놓칠 수도 있었다.

그런데 무거운 세금에도 불구하고 많은 무명 브랜드 업체들이 담배 시장에 뛰어들었고, 이 업체들의 담배는 주요 브랜드 담배의 3분의 1 가격에 팔려 나갔다. 주 정부는 담배 세입을 위협하는 이런 사태에 당황했고, 신규 진입자를 시장에서 배제하는 방법을 찾기 시작했다. 6개 주에서는 법원 판결을 통해 소규모 담배회사들에 수천만 달러를 예탁하도록 명했는데, 앞으로 이들 담배회사에 제기될 수도 있는 잠재적 배상 청구액을 충당하기 위한 것이라는 명목이었다. 이 조치는 많은 소자본 기업을 시장에서 퇴출시키는 효과를 발휘했다. 각 주는 더 이상 담배 소비를 줄여야 할 어떤 이유도 없었으며, 담배 소비를 최소한 유지시켜야 할 이유는 분명한 상황이 된 것이다.

제3장

•

한국의
퍼블릭 어페어즈

01

한국의 퍼블릭 어페어즈
활동과 그 한계

아직은 제도가 미비한 초창기 단계

한국의 퍼블릭 어페어즈를 평가하기 위해서는 미국과 유럽의 발전 과정을 참고할 필요가 있다. 두 지역의 발전 과정은 크게 19세기 말에서 20세기 중반까지의 초창기와 20세기 후반 이후의 발전기로 구분된다. 미국은 1960년대 후반의 인종차별에 대한 흑인 저항운동이, 유럽은 1950년대부터 시작된 유럽 통합이 계기였다. 두 시기를 전후한 가장 큰 차이는 정치 관계와 정부 관계를 넘어 사회적 관계로 관심의 대상이 확장됐다는 것이다. 이로 인해 활동 범위, 참여 주체 및 활동 대상이 증가했고 기업의 사회적 책임CSR 개념도 본격적으로 수용됐다. 즉, 소수만 참여하던 초창기 모습에서 벗어나 다수 시민의 생활 속으로 들어간 것이다. 특히 유럽은 통합을 계기로 국가 단위의 발전은 물론, 유럽 통합 기구에 대응하는 활동을 통해 국제적 차원으로 발전할 수 있었다. 아울러 퍼블릭 어페어즈에 대한 국민의 인식도 긍정적인 방향으로 전환되었다.

그렇다면 우리는 어느 시점에 와 있을까? 결론부터 말하자면 아직 초창기 단계에 머물러 있다고 평가할 수 있다. 물론 퍼블릭 어페어즈의 다양한 활동을 개별적으로 평가하다 보면 부분적으로는 다른 평가도 나올 수 있지만, 전반적으로는 그렇게 보는 것이 맞을 듯하다. 가장 큰 이유는 퍼블릭 어페어즈와 관련된 제도적 틀이 제대로 확립되어 있지 않기 때문이다. 가령, 퍼블릭 어페어즈의 3대 활동이라는 로비, 풀뿌리 로비, 정치 활동 후원 중 로비와 정치 활동 후원 관련 제도가 확립됐다고 보기 어렵다.

먼저, 로비와 관련해서는 어떠한 법이나 규정도 존재하지 않는다. 예를 들어 미국에는 로비공개법Lobbying Disclosure Act 같은 법이 있는데, 우리는 다른 법을 적용해서 사후적으로 처리할 뿐이다. 이제까지의 여러 사례와 상황을 종합해보면, 한국에서는 전문 로비스트의 활동이 변호사법 등 다른 법에 의해 금지되고 있다고 이해할 수 있다. 하지만 자신이 속한 조직을 위한 로비―대기업 등에서 하고 있는 '대관 업무' 같은 활동―는 용인되는 것으로 보인다. 하지만 이 경우에도 로비 활동에 공개 의무를 부여하는 규정은 없다.

이 같은 상황에서 기업과 단체가 할 수 있는 선택은 자명하다. 조직원을 대관 업무에 활용하거나, 아니면 전직 관료들을 자기 조직에서 일하게 하는 것이다. 기업의 입장에서는 전관 영입을 통한 대관 활동이 위법이 아닐뿐더러, 활동 내용을 공개할 의무도 없으니 더없이 좋은 환경이라 할 것이다. 이 같은 시스템에서 누적된 폐해가 세월호 참사를 계기로 부각되었다. 이른바 '관피아' 논란이 그것인데, 전직 관료들이 산하기관 등의 자리를 독점하고, 로비스트 역할을 하면서 공권력을 무력화시켰다는 것이다. 문제는 그 정도의 심각성을 엄청난 사고를 겪고 나서야 국민이 알게 됐다는 점이다.

여기서 '로비의 공개' 문제가 제기된다. 앞에서 말했듯이 우리나라에는 로비 공개와 관련된 규정이 존재하지 않는다. 따라서 기업이나 단체가 어떤 활동을 하는지 알 수 없다. 당연히 전직 관료들이 퇴직 후에 기업이나 단체에서 어떤 활동을 하는지도 공개되지 않는다. 아이러니하게도 우리 기업이 미국에서 하는 로비 활동은 알 수 있다. 미국에서는 법에 의해 로비 활동을 신고할 의무가 있기 때문이다. 물론 그 신고 내용에는 일정 규모 이상의 재무적 신고도 포함된다.[1]

---

[1] 2013년 삼성그룹은 미국에서 총 122만 달러(약 12억 9,500만 원)의 로비자금을 지출했다. 삼성그룹이 당국에 제출한 보고서에 따르면 로비의 목적은 상당수가 지적재산권(IP) 침해, 특허 소송 등 애플과의 분쟁에 따른 것임을 추정케 했다. 경쟁사인 애플은 2013년 337만 달러의 로비자금을 쓴 것으로 나타났다. "특허전쟁 삼성·애플 작년 로비자금 지출액 급증" (2014. 3. 9), 《연합뉴스》

이 같은 제도적 환경은 '로비'에 대한 부정적 인식의 결과이기도 하지만 로비에 대한 부정적 인식을 증폭시키는 요인으로도 작용한다. 결과적으로 '로비=검은 거래'라는 부정적 인식이 일반화되었고, 그러다 보니 그것이 당연히 보장받아야할 이익 추구 활동이라는 생각을 하기 어렵다. 로비 공개에 대한 의미를 '부정부패 방지'에서 찾기도 한다. 이는 정책 결정 과정에 대한 '국민의 알 권리'라는 의미에 포함된다. 이 같은 상황은 로비 활동을 하는 사람들이나, 어떤 사건을 계기로 뒤늦게 그 실상을 알게 되는 국민 모두를 불편하게 만들고, 사회적 낭비를 초래하는 요인이 되고 있다.

한편 관피아 문제는 계속 지적되어왔다. 문제를 최소화하기 위한 법도 만들어져 있다. 바로 공직자윤리법이다. 다만 그 규정이 허술한 데다, 형식적 집행 등으로 인해 제대로 기능하지 못하는 것이 문제다. 가령, 정부 관련 기관에 전직 관료들이 취업하는 경우는 전혀 규제를 받지 않는 예외적 상황이 계속 이어져왔다. 세월호 참사 이후 공무원 출신의 산하 기관 취업이 전면 금지됐지만, 제도화되지 않은 정치적 조치이므로 지속 가능한 것은 아니다. 결국 세월호 참사로 수많은 인명이 희생되고 난 후, 2014년 12월에 규정을 강화하는 개정안이 국회를 통과했다. 취업 제한 기간 연장, 일부 정부 관련 기관을 포함한 취업 제한 대상기관 확대, 업무 관련성 판단 범위 확대(소속 부서→소속 기관), 위반에 대한 벌칙 강화

등이 개정안에 반영되었다.

정치자금 후원과 관련해서는 정치자금법이 존재한다. 이 법에 따라서 후원금을 받은 정당과 후원회의 회계 책임자는 정치자금 기부 내역을 신고해야 하고, 그 내용은 공개된다. 국민들은 정당과 국회의원 등이 정치 후원금을 얼마나 받았는지 알 수 있다. 제대로 신고하지 않을 가능성은 항상 존재하지만 적발되면 처벌받을 각오를 해야 한다. 그런데 우리나라에서는 정치자금 기부자에 대한 내용을 자세히 알기가 쉽지 않다. 정치자금법에 의해서 1회 30만 원 초과 또는 연간 300만 원(대통령 선거와 관련된 경우에는 500만 원)을 초과하지 않는 경우는 인적 사항과 금액을 공개할 의무가 없기 때문이다. 따라서 국회의원 등이 후원금을 얼마 받았는지는 언론보도를 통해 알 수 있지만, 어떤 사람이 후원을 했는지는 전반적으로 알기 어렵다.

한편 우리나라의 정치자금법은 국내외의 법인 또는 단체는 물론, 국내외의 법인 또는 단체와 관련된 자금으로도 정치자금을 기부할 수 없도록 규정하고 있다. 따라서 미국의 PAC 같은 기구를 만들어 견해를 같이하는 정치인이나 공직 후보자를 지원하는 것이 불가능하다. 때로는 개인 자격으로 특정 국회의원 등에게 몰아주는 방식으로 후원하는 편법을 쓰기도 하지만, 이 경우 형사 처벌의 대상이 될 수 있다. 물론 미국식 정치자금 제도를 수용하자고 주장하는 것은 아니다. 오히려 순수한 소액 개인 기부를 근간으로 하는 우리 법의 취지를 잘 살릴 수 있도록 일관되고 확실한 제도적 틀이 마련되어야 한다는 점을 강조하고 싶다.

제도 확립의 일환으로 추진 중이던 '부정 청탁 금지 및 공직자의 이해 충돌 방지법안(일명 김영란법)'이 주요 내용인 '부정 청탁 금지', '금품 수수 금지', '공직자 이해 충돌 방지' 중 '공직자 이해 충돌 방지' 부분이 빠진 채 '부정 청탁 및 금품 등 수수의 금지에 관한 법률'이라는 이름으로 2015년 2월 국회에서 통과되었다. 이로써 일부 미흡하다는 지적에도 불구하고, 대가성 여부와 상관없는 금품 수수도 처벌할 수 있게 되었다.

지금까지는 금품을 수수한 경우라도 대가성을 입증해야만 처벌이 가능했다. 가령, 국회의원들이 이익집단의 입법 로비 창구 역할을 하고 돈을 받은 혐의로 기소되는 경우에도 결국은 대가성 여부가 유·무죄 여부와 형량 결정의 핵심 사안이었다. 때문에 수사 당국은 금품 수수의 증거를 찾고, 그 대가성을 입증하는 데 주력했다. 대가성이 입증되지 않으면 형법이 아닌 정치자금법의 적용을 받게 되는데, 이 경우 형법에 비해 처벌 강도가 약하기 때문이다. 문제는 대가성 입증이 쉽지 않다는 것이다. "입법의 대가로 돈을 받지 않았다", "돈 받고 입법을 추진한 것이 아니라, 평소 소신에 따른 입법 활동이었다"는 주장에 맞서 대가성을 입증하기란 쉬운 일이 아니다. 때로는 대가성 입증과 관련해서 "코에 걸면 코걸이, 귀에 걸면 귀걸이"라는 비판도 제기된다. 하지만 김영란법의 제정으로 이제는 대가성을 입증하지 않고도 처벌이 가능해졌다. 이 법의 제정은 소액 다수의 정치자금을 지향하는 우리 법의 취지와도 일맥상통한다는 면에서 그 의미를 평가할 수 있다.

그런데 이른바 김영란법의 제정 과정에서 주요한 한 축이었던 '공직자 이해 충돌 방지' 부분은 완전히 누락되었다. 공직자의 이해 충돌 방지와 관련된 부분 역시 조속히 입법되어야 한다. 특히 이 부분은 민간 영역의 전문가가 공직에 들어갈 때의 업무 연관성이나 이해 충돌에 관한 사항도 포함하기 때문에 퍼블릭 어페어즈와도 관련이 적지 않다.

현재는 공직자윤리법에 의해 공직자들이 퇴임해서 민간 분야로 진출하는 과정만이 규제되고 있다. 즉, '공직자 이해 충돌 방지' 부분이 제정되지 않은 상황에서는, 민간에서 공직으로 진출하거나 또는 공직에서 민간 영역으로 왔다가 다시 공직으로 복귀하는 과정에 대한 규정이 전혀 없는 상황이다. 공직의 민간 개방을 확대하는 정책이 시행되면서, 민간에서 공직으로 진출하는 경우가 점차 늘어남에도 불구하고, 관련된 법 규정은 아직 확립되어 있지 않은 것이다. 이 같은 제도의 미비 때문에 국가기관의 업무 추진을 둘러싼 공정성에 대해서도 계속해서 의혹이 제기되고 있다.[2] 따라서 이런 법들이 제정돼야 퍼블릭 어페어즈 관련 제도가 제대로 틀을 갖추었다고 볼 수 있을 것이다.

한편 로비와 관련된 규정—로비공개법(가칭) 같은—을 만들기 위한 논의는 제대로 공론화조차 되지 않은 상황이다. 1993년 이후 여러 차례 이 문제가 제기되긴 했지만 국회 차원에서 본격적으로 논의된 적은 없다. 대형 로비 스캔들이 터질 때마다 그 필요성이 대두되었다가 유야무야 지나온 것이 그동안의 상황이다. 세월호 참사 이후 관피아 논란이 일어나자 일부에서 그 필요성을 제기하기도 했지만, 전망이 그리 밝아 보이지는 않는다.

이렇듯 퍼블릭 어페어즈와 관련한 제도적 틀은 아직 미비한 상태다. 이는 기본적으로 이익 추구 행위에 대한 부정적 인식이 작용한 탓이다. 또 이익 추구를 위해 사용할 수 있는 수단에 대한 사회적 공감대가 형성되지 않았다는 뜻이기도 하다. 한국의 퍼블릭 어페어즈가 초창기 수준에 머물러 있다고 보는 것은 바로 이런 상황 때문이다. 퍼블릭 어페어즈 활동의 공정성과 투명성을 담보할 수 있는 제도적 틀이 확립되

---

2 대한항공의 이른바 '땅콩 회항' 사건을 조사한 국토부의 조사단 6명 가운데 2명이 대한항공 출신이었다고 한다. 그런데 김모 조사관이 이 사건의 은폐를 주도한 혐의를 받는 대한항공 여모 상무와 연락을 주고받은 사실이 특별 자체 감사에서 밝혀졌다. 이번 일로 '칼피아(KAL+마피아)' 논란이 제기됐다. "드러난 '칼피아', 국토부 망신창이" (2014. 12. 23). 《연합뉴스》.

지 않았다는 점, 불법행위들이 빠져나갈 수 있는 여지가 여전히 존재한다는 점에서 특히 그렇다. 이 같은 제도적 환경은 정부와 기업 등에 대한 불신의 악순환을 초래하여, 사회자본social capital의 약화로 이어질 수 있다. 따라서 이른바 김영란법의 원안에는 있었으나 2015년 2월 국회 입법에서는 빠진 '공직자 이해 충돌 방지' 부분의 조속한 입법과 로비공개법(가칭)의 제정, 공직자윤리법의 개선, 정치자금법에 대한 검토, 윤리 규정의 강화 등에 대한 심도 있는 논의와 준비가 이루어져야 한다. 이 모든 것들이 유기적으로 결합되어 틀을 갖출 때, 퍼블릭 어페어즈와 관련된 제도가 제대로 확립되었다고 평가할 수 있을 것이다.

외부 전문가보다는 내부 인력 활용에 초점

일부 대관 업무 담당자나 홍보 담당자들에 따르면, 로비는 법적 제약 때문에 외주를 줄 수 없지만 홍보는 대행업체에 맡기는 경우가 적지 않다고 한다. 이에 따라 전문 홍보업체들이 퍼블릭 어페어즈와 관련된 서비스를 제공하는지, 만일 하고 있다면 구체적으로 어떤 활동을 하는지 등을 살펴보았는데, 현재 한국에는 퍼블릭 어페어즈와 관련된 별도의 연합체가 없는 것으로 파악되었다. 이에 따라 홍보 관련 연합체 중에서 퍼블릭 어페어즈와 가장 관련 있어 보이는 한국PR기업협회KPRCA, The Korea Public Relations Consultancy Association 회원사들이 제안하고 있는 업무 중에서 퍼블릭 어페어즈와 관련 있는 내용을 각 회원사의 홈페이지에서 살펴보았다.

2014년 12월 현재 한국PR기업협회는 29개의 회원사로 구성되어 있는데, 이중 퍼블릭 어페어즈를 자신의 서비스 영역으로 명시한 회원사는 단 세 곳이었다. 그런데 그중 하나는 퍼블릭 어페어즈를 '정부 정책 홍보 및 공공 이슈 PR 서비스'로 설명했고, 그 회사의 '정부 정책, 공공 부문 PR 서비스 경험'으로 정부기관과 지방자치단체들을 열거하고 있었다. 따라서 이 책에서 다루는 퍼블릭 어페어즈와는 차이가 있어 보였다. 나머지 두 곳은 여기서 다루는 퍼블릭 어페어즈와 일맥상통하는 것으로 보였는데, 두 곳 모두 해외에 기반을 둔 글로벌 기업의 한국 지사격이었다. 그중 한 곳은 퍼블릭 어페어즈와 관련된 접촉 전화번호로 벨기에의 수도 브뤼셀의 번호를 제시하고 있었다. 다른 한 회사는 워싱턴과 브뤼셀 등에 있는 3명의 담당자와 접촉하도록 제시하고 있었다. 따라서 이 회사들의 퍼블릭 어페어즈 서비스는 해외, 특히 미국과 유럽에서 이러한 활동이 필요한 기업을 대상으로 하고 있는 것으로 보인다.

대체로 보아 이들 회원사는 퍼블릭 어페어즈 활동을 함에 있어 공공 관계 중에서도 정부 관계에 초점을 맞추고 있는 듯 보였다. 또 정부 관련 업무의 경험을 강조하는 회원사들도 있었지만, 결론적으로는 효율적인 커뮤니케이션 전략과 방법을 제시한다고 소개하고 있었다. 물론 이 협회의 여러 회원사들이 여론 형성, 모니터링, 정책 컨설팅, 기업의 사회적 책임과 관련된 활동 등 퍼블릭 어페어즈 관련 활동을 서비스 내용으로 제시하고 있는 것은 사실이다. 하지만 퍼블릭 어페어즈 활동을 본격적으로 펼치고 있다고 보기는 어려웠고, 실제로 퍼블릭 어페어즈를 별도의 서비스 내용으로 제시한 회사는 소수였다. 여기에는 여러 가지 원인이 있겠지만, 퍼블릭 어페어즈의 주요 활동을 제한하는 우리의 제도적 환경과 관련이 있는 것으로 보인다.

한편 홍보의 경우에는, 내부 정보 유출을 우려하여 홍보실 등에 소속된 자사 직원들이 직접 언론에 대응하는 경우가 적지 않았다. 홍보 대행사를 통한 언론 접촉은 주로 한국에 진출한 외국 기업들이 선택하는 경우가 많았다. 그렇지만 이른바 대관 업무는 회사 소속 직원을 통해서 직접 하고 있었다. 이 역시 제도적 환경 때문으로 보인다.

사법적 활동의 경우는 소속 변호사를 활용하거나 로펌과 계약을 하기도 한다. 그런데 로펌이 행정부의 업무와 관련해서 고객들에게 법률적 자문을 한다는 것이, 사실상 로비스트 역할을 하는 것 아니냐는 지적이 있다. 특히 변호사 자격증이 없는 전직 관료들이, 로펌이 수임한 각종 소송에 관해 조언하는 역할을 맡고 있다지만, 실질적으로는 자신이 몸담았던 부처나 기관에 대해 '로비'를 한다는 주장이 제기되었다.[3]

실제로 국내 주요 대형 로펌 소속 고문과 전문위원의 80퍼센트 이상이 이른바 관피아 출신인 것으로 드러났다.《조선일보》가 김앤장, 태평양, 광장, 세종, 화우, 율촌 등 변호사 수가 200명이 넘는 국내 6대 로펌에 소속된 고문, 전문위원들을 전수 조사한 결과, 이 로펌들이 공개한 총 197명의 고문, 전문위원 중 164명(83퍼센트)이 정부 부처나 유관 기관 출신이었다는 것이다. 로펌 진출이 가장 활발한 부처는 국세청과 관세청으로 총 34명이 활동 중이었고, 이어 금융위원회와 금융감독원(32명), 공정거래위원회(27명), 기획재정부, 산업통상자원부 등 기타 경제 부처(19명) 출신이 많았다. 관가와 법조계 일각에선 이들이 로비스트 역할을 하는 것 아니냐는 의혹을 제기한다. 또 이들 퇴직 관료들은 자신들이 해본 업무의 허점을 잘 알고 있기 때문에 소송 과정에도 영향을 미칠 가능성이 있다.[4]

결론적으로, 한국의 퍼블릭 어페어즈는 여전히 정치 관계와 정부 관계를 중심으로 이루어지는 초창기 유형에서 크게 벗어나지 못하고 있는 것으로 보인다. 전문성 측면에서도 발

---

3 변호사가 아니면서 로펌에 근무하는 이들을 각 지방 변호사회에 사무직원으로 신고해야 하지만, 현행 변호사법은 법조인이 아닌 퇴직 공직자들의 명단과 업무 내역의 제출기한을 명시하지 않고 있어 법 개정이 필요하다는 지적도 있다. "경제·금융 관료들 10대 로펌에 168명" (2014. 10. 23).《문화일보》.

4 "6大 로펌 소속 고문·전문위원 83%가 '官피아'", '경제檢察' 국세청·공정위·금감원 출신 주로 영입 (2014. 6. 2),《조선일보》.

전의 여지가 있음을 볼 수 있다. 이런 현상은 제도적 틀이 미흡한 현실에서도 상당한 원인을 찾을 수 있을 것이다.

그렇다면 기업들의 활동은 퍼블릭 어페어즈의 관점에서 어떻게 평가할 수 있을까? 당연한 결론이겠지만, 역시 초창기 수준에 머물러 있다고 볼 수 있다. 퍼블릭 어페어즈와 관련된 제도적 틀이 갖추어지지 않았고, 때문에 퍼블릭 어페어즈와 관련된 서비스도 전문적으로 받을 수 없는 현실에서 이는 당연한 결과라 하겠다. 기업은 주어진 환경 내에서 합리적 선택을 하는 입장에 있으므로 제도적으로나 사회 분위기상 용인되는 것은 충분히 활용할 것이고, 그렇지 않은 부분에 대해서는 소극적으로 대응할 것이다.

따라서 로비라고 할 수 있는 대관 업무는 회사에 소속된 직원들이 직접적으로 행하고, 홍보는 필요에 따라 홍보 전문회사의 전문적인 도움을 선택한다. 풀뿌리 로비나 정치 활동 후원, 선거 참여 등은 제도적으로나 사회 분위기상 드러내놓고 하기 어려운 활동이다. 하지만 광고나 연합 활동, 관련 공공 정책 등에 대한 모니터링과 대응, 웹 활동, 사회적 기여, 사법적 활동은 제도적인 규제를 받지 않는 범위 내에서 수행할 것이다. 그렇지만 퍼블릭 어페어즈의 활동이 법적, 제도적 제한을 받고 있는 상황은 기업에도 한계로 작용한다.

결과적으로 기업의 퍼블릭 어페어즈도 정치 관계와 정부 관계를 중심으로 한 드러나지 않는 활동 위주로 수행되고 있다고 하겠다. 다만 그동안 주로 행정부를 대상으로 하던 기업들의 활동이 최근 들어 입법부에 대해서도 강화되고 있는 것으로 보인다.[5]

통합적이고 체계적인 전략은 아직 부족한 것이 현실

우리 기업들이 퍼블릭 어페어즈 개념을 바탕으로 통합적이고 체계적으로 관련 활동을 수행하고 있는지는 여전히 의문스럽다. CSR의 경우, 미국에서는 퍼블릭 어페어즈의 발전 과정에서 등장하는데, 이 활동은 기업의 퍼블릭 어페어즈 활동이 정부를 주요 대상으로 하는 수준을 넘어 사회적 이슈로 영역을 확대하는 과정에서 부각됐다. 하지만 우리나라에서는 도입 과정도 다르고, 인식이 충분하지 못하여 방향도 다른 측면이 있다. 그 이전에도 기업에서는 관련된 활동을 해 왔지만, 2008년 미국발 금융위기가 세계적 경제위기로 번져가는 과정에서 특히 주목과 관심을 끌었다. 또 2012년 대통령 선거에서 경제민주화가 최우선 공약의 하나로 제시되면서 기업의 사회적 기여와 연결되기도 했다. 그러다 보니, CSR로 대표되는 기업의 사회적 기여가 기업이 책임을 다하지 못한 데 대한 보상이라는 인식이 꽤나 강한 것으로 보인

---

5 "한국의 로비스트, 대관 업무 요원의 세계, 김영란법 제정 앞두고 초긴장" (2015. 2). 《월간조선》. pp. 132~143 참조.

다. 이 때문에 때때로 단순한 자선 활동이나 봉사 활동처럼 인식되기도 하고, 실제로 그런 방식으로 행해지는 경우도 많다. 또 기업이 수사나 재판의 대상이 됐을 경우, 선처를 받거나 사회적 분위기를 환기시키기 위해 기부 등의 형태로 이루어지기도 한다.

한국에서는 CSR이 기업 오너의 개인적 관심과 의중에 크게 좌우되는 경향이 있다고 말하는 전문가도 있다. 이렇듯 퍼블릭 어페어즈를 수행하는 기업의 경우에도 사회적 제도나 분위기, 퍼블릭 어페어즈에 대한 인식 부족 등으로 뚜렷한 한계를 보인다고 평가할 수 있다.

게다가 기업들이 사회 공헌에 들이는 노력과 비용에 비해 국민들의 평가는 그리 높지 않은 것 같다. 조사에 따르면 민간 기업은 평균 77억 4,000만 원을 사회 공헌에 쓴 것으로 드러났다. 이는 매출액 대비 0.08퍼센트로, 2013년과 유사하지만, 영업이익 대비 1.86퍼센트로 2013년의 1퍼센트보다 배 가까이 늘어난 수치다. 2014년 대외 환경 악화로 영업이익이 전반적으로 좋지 않았지만 사회 공헌 지출 규모는 일정 수준을 유지했다는 분석이다.[6] 그럼에도 기업에 대한 호감도는 별로 나아지지 않은 것으로 나타났다.[7]

핵심적인 비즈니스 전략으로의 인식 전환이 관제

우리 기업들도 이제는 퍼블릭 어페어즈를 비즈니스 전략의 핵심 요소로 인식하고 경영 전략적 차원에서 실행할 필요가 있다. 다국적기업은 오랜 기간 동안 여러 국가에서 사업을 하면서 충돌했던 여러 규제 이슈에 체계적으로 대응하는 방법을 체득해왔다. 우리 기업들도 다양한 이해관계자의 의견을 듣고 입장을 전달하는 대외 협력 기능을 점차 강화하고는 있지만 여전히 다소 미흡하다는 평가를 받고 있다.

우선 주요 이슈에 대한 기업의 일관된 메시지가 부족하다. 기업이 주요 이슈에 대한 일관성 있는 논리를 개발하는 데 많은 시간을 소요하고, 관련 부서와 공유하는 작업 또한 느리게 진행되기 때문이다. 그러다 보니, 핵심 사안에 대한 회사의 입장이 부서마다 다른 경우를 자주 보게 된다. 이는 다수의 이해관계자 집단이 존재하는 현실에서 치명타로 작용한다. 특히 오너 또는 최고 경영진이 명확한 메시지를 전달하지 않을 경우 기업의 일관된 메시지 확립에 부정적인 요인으로 작용할 수도 있다

둘째, 한국 기업들은 여전히 특정인과의 관계에 의지하는

---

6 "국내 기업, 사회 공헌비용 평균 77억… 가치 창출형 활동 증가" (2014. 12. 15). 《조선일보》.

7 2014년 상반기 대한상공회의소가 현대경제연구원과 함께 전국 20세 이상 남녀 1,000여 명을 대상으로 기업호감지수(CFI)를 조사한 결과에 따르면 100점 만점에 47.1점으로 집계됐다고 한다. 2010년 상반기 54.0점으로 정점을 찍은 기업호감지수는 2011년 하반기(51.2점) 이후 세 반기 연속 하락하다 2013년 하반기 51.1점으로 반등했으나 다시 하락세로 돌아섰다.

경향이 강하다. 홍보팀은 언론사 기자나 간부와, 국회팀은 의원 보좌관과, 정당 정책팀과 정부팀은 담당 부처의 사무관과 서기관, 국장 등과의 관계에 의존한다는 것이다. 우호적인 관계를 정립하는 것은 매우 중요한 일이지만, 관계 의존도가 너무 높으면 사안을 둘러싼 상황의 변화나 흐름을 잘못 판단할 수도 있다.

셋째, 장기적인 시각의 부족이다. 관계를 기반으로 하는 업무를 할 때는 설득적 논리와 관계 형성이 모두 중요하기 때문에 보다 장기적인 관점의 접근이 필요하다. 정부와 정치권의 규제 강화 폭풍이 지나가면 언제 그랬냐는 듯 다시 대외 업무를 소홀히 하는 기업이 많았는데, 그 결과는 항상 또다른 위기의 재현으로 나타나곤 했다.

퍼블릭 어페어즈는 비교적 생소하지만, 기업의 조직으로 보면 대외 협력 업무, 홍보, 사회 공헌, 법무 업무 등이 이에 해당된다. 그런데 얼마나 그 개념과 중요성을 이해하고 경영과 생존 전략 차원에서 종합적이고 장기적 시각으로 접근하느냐는 기업에 따라 차이가 있을 것이다. 이해관계자 그룹이 많아지고, 세상이 갈수록 투명해지고 있음을 감안하면, 보다 폭넓은 시각과 인식이 필요하다 하겠다.[8]

---

8 B–M in Motion (2013. 7. 17), "Public Affairs/Government Relations," Burson-Marsteller Korea Blog.

한국 퍼블릭 어페어즈의
과제

사회적 효율을 높이는 것이 궁극적 과제

한국의 퍼블릭 어페어즈가 체계적이고 활발하게 이루어지기 위해서는 사회적 분위기와 제도적 환경이 달라져야 한다. 그리고 기업의 입장에서는 체계적인 인식하에서 활동이 이루어져야 하고, 사회적 기여의 측면 역시 반드시 고려돼야 하겠다. 이런 측면에서 한국 퍼블릭 어페어즈의 과제를 투명성 확보, 체계적 활동, 사회적 기여 등 세 가지로 정리해보았다. 이 같은 과제는 퍼블릭 어페어즈가 정치적으로 공정하거나, 정당성이 있어야 한다는 측면에서뿐 아니라, 궁극적으로는 사회적 효율을 높인다는 정치경제적 관점에서도 필요한 과제라고 하겠다.

투명성 확보 필요

첫 번째 과제인 투명성 확보를 위해서는 제도 개선이 필요하다.[9] 이 과제와 관련해서는 입법부를 비롯한 정부의 역할을 강조하지 않을 수 없다. 제대로 된 법과 제도를 만드는 것이 이들의 몫이고 책임이기 때문이다. 기업은 제도적 틀 안에서 기업에 가장 효율적인 방법을 찾는 집단이므로, 이들에게 그 이상을 강요할 수는 없다. 필요한 내용은 법이나 제도로 제시해야 한다.

로비의 경우, 한국에는 로비와 관련된 법적, 제도적 규정이 없다. 다만 다른 법의 규정을 적용해서 사후적으로 대응하고 있을 뿐이다. 현행 제도하에서 기업이 소속 직원을 통해 정부와 접촉하고 자신의 이익을 주장하는 것은 문제가 되지 않는다. 동시에 활동 내용을 공개할 의무도 없다. 다만 전문 로비스트를 통한 로비는 변호사법 등에 의해 처벌받을 수 있다. 따라서 기업은 당연히 직원을 활용하여 대관 활동을 하고, 그 활동은 비공개적으로 행해진다.

기업과 단체들은 필요할 경우 퇴직 공직자 등 그 방면에 전문성이 있거나 네트워크를 구축하고 있는 사람을 직원으로

---

9 세계경제포럼(WEF)이 발표한 2014년 국가 경쟁력 평가에서 한국 정부의 정책 결정 투명성이 133위로 전 세계에서 최하위권이었다. "韓 정책투명성 캄보디아보다 낙후…정치인 신뢰 우간다보다 낮아" (2015. 2. 1). 《연합뉴스》.
퍼블릭 어페어즈의 투명성 확보도 정책 결정 투명성과 관련이 있다.

영입해서 활용하기도 한다. 이 같은 선택은 기업과 영입되는 퇴직 공직자 그리고 정부 모두에게 합리적인 선택일 수 있다. 기업 입장에서는 소속 직원을 통해 업무를 추진하게 되니 합법적일 뿐만 아니라 공개의 부담도 없다. 게다가 퇴직 공직자의 관련 업무에 대한 전문성은 기업에 유용하다. 특별한 훈련 없이도 즉시 활용 가능한 데다 그들의 네트워크를 활용할 수도 있기 때문이다.

영입되는 퇴직 공직자 입장에서도 기업으로 가는 것이 합리적인 선택이라 할 것이다. 자신의 활동에 대한 공개 부담이 없으므로 조건만 맞는다면 부담 없이 선택할 수 있다. 퇴직 전보다 높은 보수를 받을 수도 있고,[10] 정부에 근무하면서 취득한 전문성과 네트워크를 활용할 수 있으므로, 추가적인 교육이나 훈련 없이 즉시 활동이 가능하다.

그렇다면 정부 기관의 입장에서는 어떨까? 정부 기관으로서도 좋은 선택일 수 있다. 같은 조건이라면 기관의 규칙과 절차에 익숙한 기업과 관계를 맺는 것이 거래비용 면에서도 유리하기 때문이다. 어떤 기업에 자신이 근무하는 기관의 퇴

---

10 일반적으로 기업의 보수 수준이 퇴직 전보다 훨씬 높은 것으로 알려져 있다. 국세청 고위직을 지낸 한 인사는 대형 로펌에서의 상임고문 활동과 기업들의 '세무·경영 전반'에 걸친 자문에 응한 대가 등으로 2007년에서 2010년까지 31억여 원의 수입을 올린 것으로 알려졌다. "기업 오찬 모임·전화 자문으로 전 국세청 고위직 4년간 31억" (2014. 10. 24), 《한겨레신문》.

직 공직자가 있다는 것은, 거래비용을 줄이고 신뢰감과 동질감을 확보하는 데 도움이 될 수 있다. 이렇듯 현재의 제도 하에서는 기업이 전직 관료를 영입하여 대외 활동을 하는 것이, 기업과 퇴직 공직자 그리고 정부 기관 모두의 입장에서 합리적인 선택이 되는 것이다.

이런 선택이 누적되면서 오래전부터 계속되어왔던 우려가 관행화, 구조화되었다. 즉, 기업과 퇴직 공직자 그리고 정부 기관으로서는 각자 합리적인 선택을 한 것이지만, 사회적으로는 엄청난 마이너스 효과로 귀결된 셈이다. 이 같은 상황을 개선하기 위해서는 더욱 정밀한 제도적 장치를 마련하여 퇴직 공무원이 기업 등으로 가는 과정을 관리할 필요가 있다.

관피아 문제가 부각되면서 관료들의 기업 진출이 전보다 어려워지고, 공직 유관 기관 진출은 정치적 결정에 의해 금지되다시피 했다. 하지만 이는 지속 가능한 해결책이 아니다. 관료들은 소나기가 지나가기를 기다린다고 하고, 언론은 관피아가 없어진 자리에 정피아(정치권+마피아)가 낙하산을 타고 간다고 비판한다. 지속 가능한 새로운 대안이 필요하다. '구성의 다양성 확보'라는 기본 원칙과 함께 다양한 구성을 위한 충원 구조를 확립하는 것이 하나의 대안이 될 수 있을 것이다.

2014년 12월, 공직자윤리법이 강화되었지만 검토의 여지는 있다. 가령, 이 개정안에서는 취업 제한 기간을 퇴직일로부터 2년에서 일률적으로 3년으로 연장했지만 앞으로는 업무 내용에 따라 취업 제한 기간을 다양하게 적용할 필요가 있다. 예를 들어 미국 대통령과 부통령의 보좌관, 장관, 국방부 관료와 장군 출신들은 퇴직 후 10년간, 무역대표부 대표와 부대표는 평생 동안 외국 기업과 외국 정부의 이익을 대변하는 활동이 금지되는데, 이런 사례도 참고할 필요가 있다.

로비와 관련해서는 로비 활동의 공개 의무화에 초점을 맞춘 논의가 필요하며 전문 로비스트의 허용 여부와 자격 제한 문제 등도 세밀하게 검토해야 할 과제다.

정치 활동 후원과 관련해서는 정치자금법의 존재에도 불구하고 대가성 문제를 중심으로 한 논란이 계속되어왔다. 현행 정치자금법은 미국의 PAC 같은 조직을 허용하지 않는다. 우리의 정치자금 제도의 취지가 기본적으로 순수한 소액 정치 활동 후원이라는 개념을 바탕으로 하고 있기 때문이다. 그래서인지 공식적인 정치 활동 후원 외에 국회의원을 비롯한 정치인의 금품 수수가 끊이지 않았고 이를 둘러싼 사법 처리 과정에서 대가성이 늘 도마에 올랐다. 하지만 2015년 2월, 국회에서 대가성 여부와 관계없는 처벌을 규정한 이른바 김영란법이 제정됨으로써 이 문제는 어느 정도 가닥을 잡게 되었다. 대가성 여부와 관계없이 금품 수수를 엄격하게 처벌하자는 김영란법의 취지는 순수한 소액 다수의 정치 활동 후원을 지향하는 정치자금 제도의 취지와 상통한다. 이 내용이 확립된다면, 전문 로비스트의 활동 허용이 좀더 설득력을 가질 수도 있을 것이다.

하지만 이번 김영란법 제정에서 '공직자의 이해 충돌 방지' 부분은 전부 빠져버렸다. 따라서 민간 전문가가 공직으로 들어갈 때의 업무 연관성이나 이해 충돌에 관해 규정한 사항도 빠지게 되었다. 결과적으로 현재는 공직자윤리법에서 공직자 퇴임 후 취업 과정의 규제만 존재하고, 민간에서 공직으로 진출하는 과정을 규제하는 규정이 없는 셈이다. 공직을 민간에 개방하는 경우가 점점 늘어나는 추세이므로 이 부분에 대한 입법이 조속히 이루어져야 한다.

이렇듯 투명성을 높이기 위한 제도적 장치를 마련함에 있어서 가장 중요한 것은 입법부를 비롯한 정부의 역할이다. 이 같은 제도는 국민적 공감대라는 바탕 위에서 마련되어야 한다. 기업이나 단체의 이익 추구 활동을 기본적으로 인정하되 그 방법과 수단의 범위가 국민이 동의할 수 있는 수준으로 정해져야 한다. 표면적으로만 이익 추구를 백안시하는 불합리한 분위기 때문에 이와 관련된 제도 마련 자체를 금기시하는 것은 합리적인 방향이라 할 수 없다. 비공개를 전제로 하는 현재의 환경이야말로 불법행위를 지속시키는 원인은 아닌지 생각해볼 필요가 있다. 이제는 이익 추구 행위에 대해 어느 수준까지 당연한 권리로 인정해줄 것인지, 어느 정도까지 법적으로 용인할 것인지 등에 대해 사회적 합의를 이끌어내고 제도적 틀도 단단히 구축해야 한다. 그래서 허용할 부분은 허용하고, 법적인 한계를 넘으면 용납되지 않는 사회적 분위기가 만들어져야 한다.

체계적인 활동 전략

두 번째 과제인 체계적인 활동은 기업과 단체의 과제다. 기업과 단체는 사회적, 제도적 환경이 갖추어지면 그에 맞추어 체계적인 활동을 펼쳐야 한다. 우선 인식의 전환이 필요하다. 퍼블릭 어페어즈를 기업의 비즈니스와 상관없는 활동이나 불필요한 비용으로 보는 인식이 있다면 이를 바꾸어야 한다. 이 같은 인식은 기업이 소극적이고 방어적인 태도를 취하거나, 수면 아래 접촉을 선호하게 만들 수 있다. 퍼블릭 어페어즈를 기업과 단체 경영의 주요 부분으로 인식하고, 이 활동을 위한 비용을 필수 요소로 인식할 필요가 있다. 또 기업들이 개별적으로 정부나 국회와 접촉하려는 태도를 지양하고, 업계 전반의 의견을 수렴해서 함께 공동의 이익을 추구하고 기업에 우호적인 환경을 조성하려는 노력이 필요하다.

　이러한 인식을 바탕으로 일관되고 지속적인 활동을 체계적으로 전개해야 한다. 그러기 위해서는 기업이나 단체 고유의 문화를 형성하는 것이 중요하다. 한국적 현실에서 쉬운 일은 아니겠지만, 권력의 향배에 좌고우면하지 말고 각자의 비전에 따라 활동하는 것이 바람직하다. 기업의 사회적 기여와 관련된 활동이 대표적 사례가 될 것이다. 사회 분위기에 좌우되어 굴곡이 심한 활동 양상을 보인다든지, 당시 권력과 가까운 집단에 자원과 활동이 집중되는 행태는 지양돼야 한다. 또 오너의 성향이나 판단에 지나치게 좌우되는 것도 바람직하지 않다. 기업과 단체의 문화에 바탕을 둔, 조직 고유의 지속 가능하고 생산적인 활동을 정착시키는 것이 가장 좋은 방향일 것이다.

관련 조직도 체계적으로 정립할 필요가 있다. 퍼블릭 어페어즈와 관련된 기업의 조직은 대체로 대관, 홍보, 사회적 기여, 사법적 활동과 관련된 조직으로 대별할 수 있다. 이 조직들이 일정 단위의 조직—가령 경영지원본부와 같은—에 함께 있는 경우도 있고, 대관 업무는 기획 파트에서, 홍보는 별도 조직에서, 사회적 기여 부분은 별도로 설립한 재단에서 맡아서 하는 식으로 각각 별개의 조직으로 나뉘어 있는 경우도 있다. 사법적 활동과 관련된 조직도 퍼블릭 어페어즈 관련 조직과는 별개로 운영되는 경우가 많다. 구체적인 상황은 기업이나 단체에 따라 다를 수 있고, 어떤 것이 더 바람직하다고 단정하기도 어렵다. 다만, 퍼블릭 어페어즈라는 큰 틀에서 통합적이고 유기적으로 연결되면서 체계적으로 진행되는 것이 중요하다는 점만은 분명하다.

사회적 기여를 지향

셋째, 사회적 기여를 지향하는 활동이 되어야 한다. 그러기 위해서는 '사회적 기여' 활동이 한국의 퍼블릭 어페어즈의 주요 활동으로 자리 잡도록 해야 한다. 앞서 언급했듯이 기업이나 단체가 나름대로는 가장 합리적 선택을 한 결과가 사회적으로는 부담이 되는 경우도 있다. 그렇다고 불법행위를 하는 것도 아니므로, 그러한 선택과 이익 추구 활동을 금지할 수도 없다. 기업과 단체가 사회적 기여를 통해 사회 전체에 도움이 되도록 하는 활동을 하는 것은 그래서 더욱 중요하다. 이를 위해서는 오너와 경영자를 비롯한 조직 구성원들이 사회적 기여에 대한 공감대를 형성하고 그 인식 수준을 높일 필요가 있다.

일각에서는 오늘날과 같이 치열한 경쟁 상황에서는 기업들이 수익에 해가 되는 일은 절대 하지 않을 거라는 회의론을 제기한다. 사회적 책임을 지겠다는 기업의 약속은 애초에 지켜질 수 없고, 다만 정부의 입법이나 규제에 영향을 주거나 사회적 우려를 희석시키기 위한 것이라고 보는 것이다. 또 사회적 기여 활동이 정치인들에게는 책임에서 벗어날 수 있는 기회를 준다고 보는 시각도 있다. 기업들과 불편한 관계를 형성하면서까지 규제나 입법을 위한 행동을 하지 않아도 되기 때문이다. 기업의 약속을 끌어내거나, 기업의 약속에 박수를 치는 정도로 기업의 바람직한 행동을 지지하는 정치인으로 대중에게 보일 수 있기 때문이라는 것이다.

　이들은 사회적으로 책임감이 있는 기업이 수익성도 더 좋다는 주장에 대해서도 반박한다. 한 기업이 가치 있는 일을 행하더라도 기본적으로는 사회적 책임의 맥락에서 이루어지는 것이 아니라고 보기 때문이다. 다시 말해, 기업이 수익을 높이기 위해 무언가를 하다가 우연히 사회를 위해서도 좋은 영향을 끼치게 된 경우가 있을 뿐이라는 주장이다. 그렇지만 이 같은 주장은, 기업이 수익을 높이기 위해 하는 활동은 자원을 효율적으로 사용해서 효용을 극대화시키기 때문에 사회적으로 좋은 것이라는 결론으로도 이어질 수 있다. 이런 논리라면, 수익을 내는 모든 기업은 사회적 책임을 다하는 셈이다. 결국 수십 년 전 경제학자 밀턴 프리드먼Milton Friedman이 말한 대로 기업이 해야 할 일은 수익을 내는 것이지, 사회적으로 도움이 되는 행동을 하는 것이 아니라는 주장으로 돌아가게 된다. 물론 기업은 공적인 자선을 위해서 세워진 조직이 아니므로 사회적 기여에 뚜렷한 한계가 있을 수밖에 없다.

　하지만 우리는 나름의 기준을 가질 필요가 있고, 이 경우, 캐럴 교수가 제시한 네 가지 책임에 대한 기준을 참고할 수 있다. 기업에 대한 사회적 기대를 바탕으로 제시한 경제적 책임, 법률적 책임, 윤리적 책임, 재량적 책임이 그것이다. 경제적 책임과 법률적 책임은 기업의 존재 이유이기도 하다.

이것을 다하지 못하면 기업은 생존하지 못하고, 법적인 책임을 지게 될 수도 있다. 하지만 윤리적 책임과 재량적 책임은 사회가 기대하는 희망 사항이다.

분명한 것은 사회적 기대 수준이 경제적 기대, 법률적 기대를 넘어 윤리적 기대와 재량적 기대의 수준으로 높아지고 있다는 점이다. 따라서 경제적 책임을 다한 것으로 기업의 책임을 다했다는 주장은 현실적으로 설득력을 얻기 어려워 보인다.

퍼블릭 어페어즈와 관련된 여러 활동들이 제약받고 있는 현실에서 기업의 사회적 기여는 기업 입장에서도 매우 중요하다. 사회적으로 권장되고, 국민의 기대도 높은 활동이기 때문이다. 이 같은 활동은 궁극적으로 공공 정책 결정과 관련된 유리한 사회적 환경 조성에도 긍정적으로 작용할 것이다. 따라서 기업의 사회 공헌 전략을 사업 전략과 연계시키고 이해관계자들과 충분히 소통함으로써 기업의 성장 방향과 일치하도록 할 필요가 있다.

이제는 기업의 사회적 기여를 포함한 퍼블릭 어페어즈 활동이 기업 경영의 비전과 방향 속에서 함께 움직여야 한다. 목표 달성을 위한 통합적 비즈니스 전략의 핵심 요소로 구사되어야 한다. 기업의 명성을 관리하기 위한 독립적인 활동으로 인식하거나, 사회적 분위기 때문에 어쩔 수 없이 지불해야 하는 비용 정도로 인식하는 수준을 넘어서야 한다. 그 자체가 기업의 경쟁력 확보라는 가장 기본적인 명제와 실제적으로도 밀접한 관계를 가지기 때문이다. 따라서 기업 전체가 지속 가능한 경영을 위한 구체적인 기업 활동으로서의 비전과 방향을 공유하고, 일관성과 중장기적 의지를 가지고 실제 경영에 적용해야 한다.

가장 성공한 자본주의자인 동시에 가장 위대한 자선사업가로 평가받기도 하는 빌 게이츠는, '창조적 자본주의'를 주창하면서 시장에 바탕을 둔 또 다른 인센티브로 '사회적 인정 recognition'을 제시한 바 있다. 삼성의 이건희 회장 또한 일찍이 '사회적 인정'에 대해 언급한 바 있다. 창업 2세대로 이어지는 지속 가능한 경영을 하기 위한 과제로 '사회적 인정'을 받아야 한다는 것이다.[11] 기업은 기본적으로 시장에서 경쟁력을 갖추고 이를 통해 이익을 얻는 것이 중요하지만 이것으로는 충분하지 않다는 인식이 세계적인 흐름이 되고 있다. 퍼블릭 어페어즈는 시장에서의 경쟁력 확보와 사회적 인정이라는 두 가지 큰 목표와 밀접하다는 점에서도 그 역할과 위치에 대한 새로운 인식이 필요하다.

그렇다면 한국의 퍼블릭 어페어즈는 앞으로 어떤 활동이 활발하게 이루어질까? 예상하건데, 풀뿌리 활동과 웹 활동,

---

11 "나는 그동안 속아 살았다" (1993. 9), 《신동아》, p.461.

사회적 기여, 사법적 활동에 대한 관심과 비중이 커질 것으로 보인다. 퍼블릭 어페어즈의 3대 활동으로 일컬어지는 로비, 풀뿌리 로비, 정치 활동 후원 중 풀뿌리 로비 외에는 제도적으로나 사회 분위기를 감안할 때 많은 제약이 있는 것이 현실이다. 현재 퍼블릭 어페어즈에 직간접적으로 영향을 미치는 제도가 그대로 지속된다면 돈의 위력은 줄어들고 풀뿌리 활동이나, 사회적 기여 활동의 비중은 높아질 것이다.

돈의 위력이 줄어들 것으로 보는 이유는 우리나라의 현행 정치자금 제도 때문이다. 현행 정치자금 제도의 기조가 유지된다면, 정치자금 후원이 퍼블릭 어페어즈 활동에서 차지하는 비중은 상대적으로 축소될 것이다. 거기다 이른바 김영란법이 통과됨으로써 그동안 이루어지던 관행적인 금품 제공에도 강력한 제동이 걸리게 되었다. 대가성 여부와 관계없이 금품 수수를 처벌할 수 있게 한 이 법의 통과는 퍼블릭 어페어즈 활동에도 상당한 변화를 가져올 것이다.

또 인터넷의 발달로 인해, 막대한 자금이 필요한 광고의 영향력이 축소됨에 따라 돈의 중요성이 점차 감소할 것이다. 대신 풀뿌리 활동에 대한 관심과 비중이 높아질 것으로 예상되는데, 특히 웹 활동과 연계된 형태로 활발해질 것이다. 국민들이 자신과 관련된 이해관계에 더욱 민감해지고 참여 의식이 점차 높아지는 분위기에서 풀뿌리 운동의 가능성을 볼 수 있다. 거기에 세계적인 수준의 통신 환경이 결합하면 저

비용으로도 상당한 위력을 발휘할 것이다. 정치인에게 가장 큰 압력이 되는 것을 '돈'과 '표'라고 본다면 풀뿌리 활동은 '표'와 직결될 수 있다는 점에서 위력적이다. 더구나 '돈'이 제도적으로 묶여 있는 현실을 감안하면 '표'의 중요성은 더욱 커질 것이다. 기업과 단체들도 이 같은 상황을 활용하거나 대비할 필요가 있다.

사회적 기여의 경우는 명분을 선점할 수 있다는 점에서도 효과적인 활동이다. 따라서 자원의 투입을 늘리는 것도 중요하지만, 가능한 범위 내에서 국민들에게 좀더 깊은 인상을 줄 수 있는 프로그램을 개발하도록 노력해야 한다. 그리고 더욱 체계적이고 전문적인 활동이 이루어져야 한다. 퍼블릭 어페어즈 활동의 한 축으로 많은 관심을 받았던 CSR에 대한 교육조차 체계적이지 않다는 평가를 받는 것이 우리의 현실이다. 따라서 기업이 나름의 방법으로 전문성을 확보할 필요도 있다.

사법적 활동의 비중도 점차 높아질 것으로 보인다. 법치주의가 공고해질수록 이 같은 경향은 더 커질 것으로 예상된다. 거기에 더하여 경제 시장이나 정치 시장에서의 경쟁보다, 사법적 결정을 구하는 것이 시간이나 비용 그리고 효과 면에서 더 효율적이라는 인식이 확산되면 이 같은 추세는 더욱 가속화될 것이다. 이는 미국의 사례에서도 볼 수 있는 현상이다.

2014년이 지나갈 무렵 대한항공의 '항공기 회항(일명 땅콩 회항)' 사건이 발생했다. 일부 언론에서는 이 사건을 위기 관리 차원에서 다루면서 같은 해 2월에 있었던 경주 마우나 리조트 붕괴 사고를 수습한 코오롱의 대응과 비교했다. 일리 있는 지적이라고 생각한다.

그렇다면 이런 대응 능력의 차이는 어디에서 비롯된 것일까? 여러 가지가 있겠지만 평소의 역량 축적 여부가 이런 차이를 부른 게 아닐까 하는 생각이 든다. 역량 축적 없이 위기 상황을 잘 돌파하기 바라는 것은, 벼락치기 공부만으로 좋은 성적을 얻고 싶어 하는 학생의 바람과 다르지 않다. 어쩌다 한 번은 가능할지 몰라도, 지속 가능하지는 않다는 의미이다.

사실 이런 종류의 사건에 대한 대응 결과는 어떤 잣대를 갖다 대느냐에 따라 평가가 달라지기도 한다. 가령, 대한항공에 비해 상대적으로 코오롱을 성공적 케이스로 평가하지만, 코오롱의 대응 자체만을 놓고 보면 다른 평가가 나올 수도 있다. 자연과학 실험처럼 케이스별로 나타나는 확실한 결과를 근거로 평가하는 경우와는 성질이 다르기 때문이다. 이렇게 했으면 더 좋았을 것이라는 가정은 할 수 있지만 이를 객

관적으로 증명하기는 어렵다. 더욱이 이 방법으로 대응했다가 결과가 나쁘면, 다시 다른 방법을 써보는 식으로 대응하기도 어렵다. 또 비슷한 유형이라 해도, 당시의 여러 가지 외부 상황이나 변수 등에 따라 전혀 다른 결과가 나올 수도 있다.

언론에서는 이른바 '땅콩 회항' 사건으로 인한 위기를 '오너 리스크를 견제하지 못하는 지배구조의 위기'라고 분석하기도 한다. 하지만 확실한 결과를 장담할 수 없는 상황에서 실무진이 오너(또는 최고 경영진)의 의사나 이익에 반하는 대응책을 제시하기는 현실적으로 매우 어려운 일이다. 그러기에 리더의 통찰력과 기업의 대응 역량 축적이 중요한 것이다.

퍼블릭 어페어즈 활동은 이런 측면에서도 중요하다. 끊임없이 발생하는 외부 요인에 대응하는 과정을 통해 그 역량을 강화하는 것이 위기 대응에 가장 효과적이다. 크고 작은 사안을 거치는 동안 최고 경영진과 실무자들이 끊임없이 소통하면서 공감대를 형성한다면, 큰 위기가 발생했을 때에도 효과적으로 대응할 수 있을 것이다. 이런 관점에서 우리 기업들이 글로벌 기업에 걸맞은 퍼블릭 어페어즈 역량을 갖추고 있는지, 리더들은 돌발적인 상황에서 통찰력을 충분히 발휘할 준비가 되어 있는지 냉정하게 돌아볼 필요가 있다.

이익 추구와 관련된 연구를 하면서 느끼는 것은, 우리 사회에는 아직도 이익 추구에 대한 이중적인 잣대가 남아 있다는 점이다. 그래서인지 흔히 보이는 이익 추구 활동의 행태는 여전히 은밀하거나, 아니면 집단적인 세勢 과시의 형태를 띠는 경향이 크다. 은밀한 활동은 사회적으로 드러나지 않게 이익을 챙기겠다는 것이고, 집단적인 과시는 은밀하게 행하지 못할 경우에는 상대방을 노골적으로 제압하는 방법을 통해 이익을 챙기겠다는 의지로 보인다. 경제단체에서 대외 업무를 맡고 있는 한 담당자는 "이익 추구자의 입장에서는 그렇게 하는 것이 상대적으로 비용이 적게 들기 때문"이라고 설명하기도 했다. 게다가 시간도 비용이니, 여기서도 '빨리빨리 문화'의 논리는 여지없이 작동한다고 봐야겠다.

하지만 이익 추구자의 입장에서는 비용이 적게 드는 합리적 선택이, 사회적으로는 그렇지 않을 때도 있다. 많은 부패사건과 격렬한 사회적 충돌로 인해 갈등지수가 세계적으로 높은 나라가 되고, 그 때문에 감당해야 할 사회적 비용을 생각해보면 더욱 그렇다.[1] 게다가 이제는 과거에 비해 은밀한 방법이나 노골적 세 과시를 통한 이익 추구 비용이 개별 기업의 입장에서 보아도 그리 적지 않은 시대로 접어들고 있다. 점점 사회가 투명해지고 있는 데다 처벌의 수위는 높아지고 있기 때문이다. 이해관계의 다양화로 인해 이제는 어느 집단의 일방적인 독주가 어렵게 되었다. 어떤 분야에서도 대립적 이해관계가 형성되는 것이 일반화되었고, 그렇지 않을 경우라도 사회적 인정을 받는 과정을 피하기 어렵게 된 것이다.

결국 한국의 퍼블릭 어페어즈는 투명성 확보, 체계적 활동, 사회적 기여 등 세 가지 방향을 지향해야 할 것으로 보인다. 이를 위해서는 사회적 분위기와 제도적 환경이 달라져야 하고 기업은 체계적 인식하에서 활동을 해야 할 것이다.

기업 입장에서 가장 중요한 것 중의 하나는 '소통'이다. 우선은 내부 소통이 중요하고 다음으로 기업의 가치로 연결시켜 나가는 전략이 필요하다. 이를 위해서는 무엇보다 투명성과 진정성 그리고 사실적 근거에 바탕을 둔 소통이 필요하다.

사회적으로는 인식의 변화와 제도적 정비가 필요하다. 조직이 사회적 인정을 받기 위한 퍼블릭 어페어즈 활동이 사회적 갈등 요인이 되지 않도록 해야 한다. 따라서 사회가 용인할 수 있는 이익 추구의 수준과 수단에 대한 공론화 과정이 필요하다. 이를 통해 퍼블릭 어페어즈가 갈등을 수렴하는 과정이 될 수 있도록 제도와 관행을 확립해 나가야 한다. 이는 또 다른 사회자본을 축적한다는 점에서도 의미가 있다.

---

1 2009년 삼성경제연구소는 2005년 기준 한국의 갈등지수(0.71)는 OECD 국가 중에서 터키(1.20), 폴란드(0.76), 슬로바키아(0.72)에 이어 네 번째로 높으며, 만일 한국의 갈등지수가 OECD 평균인 0.44로 완화될 경우 1인당 GDP는 2002~2005년 평균 1인당 GDP 기준으로 5,023달러(1만 8,602달러에서 2만 3,625달러로) 증가할 것이라고 추산하였다. 박준 외(2009. 6. 24). 〈한국의 사회갈등과 경제적 비용〉. 삼성경제연구소 CEO Information. 제710호.
그런데 삼성경제연구소의 박준 수석연구원이 2013년'제2차 국민대통합 심포지엄'에서 발표한 바에 따르면, 한국의 갈등지수는 2010년 기준 0.72로 OECD 국가 중에서, 터키(1.27)에 이어 두 번째로 높았다. 순위도 높아졌지만, 갈등지수 또한 2005년의 0.71보다 높아진 것이다. 또한 분석 모델에 따라 차이는 있지만 사회 갈등에 따른 경제적 비용은 연간 최소 82조 원에서 최대 246조 원으로 추산되었다. "삼성경제연, 한(韓) 사회 갈등에 따른 경제 손실 연 246조" (2013. 8. 22). 《아시아경제신문》.

참고문헌

강유덕 (2010). 《EU 로비제도(European lobbying)의 현황과 사례 연구》. KIEP 대외경제연구원.

김찬석 (2008). "퍼블릭 어페어즈(Public Affairs)의 발전과정 비교: 미국과 유럽". 한국사회과학연구 제30집 1호(2008년 여름).

김찬석 (2012). "퍼블릭 어페어즈에 대한 PR 실무자의 인식". 한국광고홍보학회 제14권 2호(2012년 여름).

농림부 (2001). 《국민의 정부 협동조합개혁 백서》.

딕 모리스 (2000). 《VOTE.com: 인터넷과 직접민주주의, 그리고 쌍방향 대화》. 이형진, 문정숙 옮김. 아르케.

라젠드라 시소디어 외 (2009). 《위대한 기업을 넘어 사랑받는 기업으로》. 권영설 외 옮김. 럭스미디어.

로리 바시 외 (2012). 《굿 컴퍼니, 착한 회사가 세상을 바꾼다》. 퓨처스 디자이너스 옮김. 틔움.

로버트 라이시 (2008). 《슈퍼자본주의》. 형선호 옮김. 김영사.

로진 부크홀츠 (2011). 《자본주의를 다시 생각한다》. 유일선 옮김. 21세기북스.

마이클 킨슬리 (2011). 《빌 게이츠의 창조적 자본주의》. 김지연 옮김. 이콘.

매튜 A. 크렌슨, 벤저민 긴스버그 (2013). 《다운사이징 데모크라시》. 서복경 옮김. 후마니타스.

박재선 (2010). 《세계를 지배하는 유대인 파워》. 해누리.

브래들리 K. 구긴스 외 (2008). 《세계 최고 기업들의 기업시민활동》.

강주현 안젤라 옮김. FKI미디어.

브루스 빔버 (2007). 《인터넷 시대 정치권력의 변동》. 이원태 옮김. 삼인.

송의달 (2007). 《미국을 로비하라》. 삼성경제연구소.

앨런 브링클리 (2005). 《있는 그대로의 미국사 3(미국의 세기―제1차 세계대전에서 9. 11까지)》. 황혜성 등 옮김. 휴머니스트.

정재영 (1987). 《로비경제학》. 매일경제신문사.

정재영, 윤홍근 (2006). 《유비쿼터스 시대, 기업의 로비전략》. 성균관대학교출판부.

조승민 (2005). 《로비의 제도화》. 삼성경제연구소.

조승민, 양세영 (2014). 〈국민통합에 기여하는 기업의 역할에 관한 연구〉. 국민대통합위원회.

조희정 (2013). 《민주주의의 기술―미국의 온라인 선거운동》. 한국학술정보.

존 J. 미어샤이머 외 (2010). 《이스라엘 로비―미국을 세계 최강의 불량국가로 만든 비밀》. 김용환 옮김. 형설Life.

짐 콜린스 외 (2012). 《위대한 기업의 선택》. 김명철 옮김. 김영사.

케빈·재키 프라이스버그 (2008). 《너츠―사우스웨스트 효과를 기억하라》. 이종인 옮김. 동아일보사.

폴 아르젠티, 재니스 포먼(2006). 《기업홍보의 힘》. 이승봉 옮김. 커뮤니케이션북스.

필 해리스, 크레이그 프레이셔 (2007). 《퍼블릭 어페어즈 핸드북―일반편》. 김찬석, 정나영 옮김. 커뮤니케이션북스.

필 해리스, 크레이그 프레이셔 (2007). 《퍼블릭 어페어즈 핸드북―사례편》. 김찬석, 정나영 옮김. 커뮤니케이션북스.

필 해리스, 크레이그 프레이셔 (2007). 《퍼블릭 어페어즈 핸드북―실행편》. 김찬석, 정나영 옮김. 커뮤니케이션북스.

필 해리스, 크레이그 프레이셔 (2007). 《퍼블릭 어페어즈 핸드북—이론 편)》. 김찬석, 정나영 옮김. 커뮤니케이션북스.

한용걸 (2011). 《K스트리트—워싱턴을 움직인 한국의 로비스트》. 서해 문집.

Carroll, A. B. (1991). "The Pyramid of Corporate Social Responsibility: Toword the Moral Management of Organizational Stakeholders". *Business Horizons* 34(4)

Cigler, Allan J. and Burdett A. Loomis, eds. (1998). *Interest Group Politics*, 5th ed. Washington, D.C.: Congressional Quarterly.

Dahl, Robert A. (1989). *Democracy and Its Critics*. New Haven: Yale University Press.

Goldman, Kenneth M. (1999). *Interest Groups, Lobbying, and Participation in America*. Cambridge, Eng.: Cambridge University Press.

Kollman, Ken. (1998). *Outside Lobbying: Public Opinion and Interest Group Strategies*. Princeton: Princeton University Press.

Phil Harris; Craig S. Fliesher (2005). *The Handbook of Public Affairs*. London: SAGE Publications.

Schier, Steven E. (2000). *By Invitation Only: The Rise of Exclusive Politics in the United States*. Pittsburgh, Penn.: University of Pittsburgh Press.

Thompson, Margaret Susan (1985). *The "Spider Web": Congress and Lobbying in the Age of Grant*. Ithaca: Cornell University Press.

Truman, David B. (1981). *The Governmental Process: Political Interests and Public Opinion*. Westport: Greenwood Pr.

대한민국 국회회의록. 〈http://likms.assembly.go.kr〉.

대한민국 헌법.

외교부. 〈http://www.mofa.go.kr〉.

정부3.0. 〈www.gov30.go.kr〉.

정치자금법.

THE CONSTITUTION OF THE UNITED STATES OF AMERICA.